Was in der Krise zählt

*Über Essenzen des Lebens,
Werte und Befindlichkeiten*

ANNOTATIONEN UND GEDANKEN ZU EINEM SITTENBILD

UWE GESPER

Uwe Gesper – Was in der Krise zählt –
2014 Düsseldorf/Mannheim/ 1. Auflage
Tredition Verlag, Hamburg

ISBN 978-3-7323-1433-1 (Paperback)
ISBN 978-3-7323-1434-8 (Hardcover)
ISBN 978-3-7323-1435-5 (e-Book)

Für Mara

ohne die ich nicht wäre, was ich bin,
die das Leben meistert, ohne zu verbittern,
die die Sonne hinter den Wolken sieht
und den Silberstreifen bei CDF.

Inhalt

Vorwort	11
Krise und Neuanfang	23
Die philosophische Perspektive	31
Zu den Werten	37
Richtige Werte	41
Was alles nicht zählt	45
Hauptsache gesund und am Leben	47
Hauptsache reich	51
Ist Glücklichsein alles	56
Hauptsache Status	63
Hauptsache Erfolg	70
Das gelungene und das geglückte Leben	73
Glücklichsein ist eine Frage des Augenblicks und ein Gefühl von Dauer	78
Tugend	83

Tugend in der Krise	89
Achtsamkeit auf das Leben	95
Der Einzelne in der Gesellschaft	101
Der Mensch als Teil der Gesellschaft	110
Die Krise und die Verzerrung der Werte	112
Gesellschaftskrisen und ihre Bewältigung	116
Aufbruch und Leitlinien	122
Prioritäten und nochmals: der Weg zur eigenen Entwicklung	127
Zu guter Letzt	130

Vorwort

Über Jesuiten erzählt man sich viel. Oft berichtet man über ihren Gehorsam gegenüber dem Papst, die Treue zur katholischen Religion und einer hohen Disziplin. Jesuiten äußern sich seit Jahrhunderten. Zu abtrünnigen Glaubensrichtungen wie der der Lutheraner, Fragen der Inquisition und der Missionierung und Fragen der Selbstfindung und deren Auswirkung auf die Wirtschaft und unser Leben. Gewichtig, aber man sollte ihnen nicht die alleinige Deutungshoheit überlassen. Ohne dass man die vielen richtigen Gedanken negieren muss. Eine der modernen Äußerungen fiel mir vor einiger Zeit in die Hände und fesselte mich. **WAS IN KRISEN ZÄHLT**[1]. Ich habe mich mein ganzes bisheriges Leben zu einem nicht unerheblichen Teil mit Krisenbewältigung – wirtschaftlicher und privater Krisen – beschäftigt und eine schwere gesundheitliche Krise hat mir nun zudem noch die Zeit für ein weiteres Nachdenken verschafft. Insofern veranlassen mich das Buch und die unfreiwillige freie Zeit, meine Gedanken zu einigen Fragen in diesem Zusammenhang zu notieren. Eigentlich zu

---

[1] Michael Bordt SJ, Was in Krisen zählt, 2013

„annotieren", denn meine Gedanken folgen in Teilen auch der Publikation von Bordt.

In seinen Ausführungen zu den Ursachen der Wirtschafts- und Finanzkrise ergründet Bordt einen Aspekt dieser Krisen im Verlust der Werte und im Unvermögen vieler moderner Menschen, glücklich zu sein, weil sie nicht den richtigen Werten folgen. Eine Ansicht, die der eine oder andere teilen wird.

Die Herleitung seiner richtigen Werte ist spannend, traditionell und in einigen Punkten von meiner eigenen Auffassung abweichend. Pointiert möchte ich sagen: Ich vertrete die Auffassung, dass der Mensch „in sich" nach seinen eigenen, individuellen Werten suchen muss und diese auf die Welt anwenden sollte.[2] Eine Aufforderung zu einer „kapitalistischen" Suche im Sinne eines Wettbewerbs der Ideen und Werte. Dabei müssen auch Ergebnisse, die der (den)

---

[2] Falls man darin – und auch in weiteren Ideen und Aspekten – philosophische Richtungen wie den Existenzialismus von Sartre, Beauvoir, Camus und anderen sehen will, mag man das so sehen. Ich bin ein renitenter Antidogmatiker und versuche mir – ohne Zitatpflicht – meine eigenen Gedanken zu machen und so sind auch die nachfolgenden Überlegungen zu verstehen. Vielleicht sind sie auch Anleihen an Gelesenes von Platon, Schopenhauer, Nietzsche, Derrida, Husserl, Jonas oder an Populärphilosophen wie R. D. Precht oder Peter Sloterdijk.

Gesellschaft(en) nicht passen, nicht falsch sein. Eine persönliche Sicht, die in ihrer Vielfältigkeit das Salz des Lebens darstellt und dadurch vermeidet, dass Gesellschaften in Agonie erstarren.

Wenn auch die abweichende Sicht des Einzelnen von der Gesellschaft akzeptiert werden sollte, bedeutet das nicht, Maßlosigkeit und Gier Vorschub zu leisten.

Wie diese zu bremsen oder zu korrigieren sind, wird sich noch zeigen.

Gesellschaft als Institution wäre ohne die Charaktere, die normabweichende An- und Einsichten haben, auf Sicht zum Stillstand und dem reinen Existieren ohne Entwicklung verurteilt. Vielleicht auch zum unreflektierten Rückschritt.

Was Gesellschaft braucht, ist ein Weg, die Extreme von Werten zu befrieden, einzuschränken. Und die Fähigkeit, diesen Weg zu finden, speist sich aus der Wurzel der inneren Werte des Einzelnen, seiner eigenen Reflexion auf die Gesellschaft, der Bereitschaft, Verantwortung für sich und andere zu übernehmen, Ehrlichkeit im Umgang miteinander und Vertrauen in die Einhaltung von (miteinander) gefundenen Regeln.

Ausgangspunkt der Betrachtungen von Bordt ist – so wie ich es verstehe – demgegenüber ein außerhalb des Einzelnen stehendes Menschenbild, dem er die Regeln für ein *Glücklichsein* entnimmt, die der Mensch übernehmen sollte.

Darin mag Verantwortung, Ehrlichkeit und Vertrauen eine Rolle spielen, aber oktroyiert und ausgestaltet durch andere, nicht durch den Einzelnen.

Provokant gesagt: Diese Sicht von Bordt ist falsch. Gängig, aber falsch.

Auch damit lassen sich durchaus Lösungen von Krisen erzielen. Reichweite und Möglichkeiten sind aber weitaus eingeschränkter als der hier vertretene Ansatz. Das hängt mit den Schwierigkeiten zusammen, den Diskurs der Werte in einer multikulturellen Gesellschaft drittbestimmt auf einen gemeinsamen Nenner zu bringen. Denn es konkurrieren die dogmatischen Systeme und nicht die selbstgefundenen Lebensanwendungen.

Aber dazu später mehr.

In jedem Fall hat ein Wertekanon des Einzelnen aber auch aus meiner Sicht mit seinem **Glücklichsein** zu tun. Mit den Werten, die er autark für sich selber entwickelt, oder denen, die er für sich adaptiert und eventuell umgestaltet für sich selber annimmt.

Es gibt viele Ansätze, wie man sich der Frage, wann ein Mensch glücklich ist, nähert. Deskriptive, analytische, vergleichende, statistische Methoden und was die Wissenschaften sonst noch so anbieten.

Die Verwendung äußerer Betrachtung und äußerer Regeln, an denen der Mensch gemessen wird, hilft da aber nicht wirklich weiter. Sie lässt die Tatsache vermissen, dass Glück – auch das Gefühl davon – Introspektion voraussetzt. Der Mensch definiert *seine Vorstellung von Glück* und damit sein Ziel (mein Postulat: Innere Zielerreichung ermöglicht das *Glücklichsein*), die Gesellschaft kommt – vielleicht – zum selben Ergebnis oder hindert die Verwirklichung des Glücks (Frustration beim Einzelnen und Teilen der Gesellschaft, aber keine Krise). Und manchmal leidet die Gesellschaft unter der Verwirklichung des Glücks des Einzelnen (weil er seine Ziele auf Kosten der Gesellschaft auslebt; dann gibt es vielleicht weitere Krisen oder auch Probleme minderer Intensität). Das hindert aber diesen Menschen nicht unbedingt am Glücklichsein.

Glücklichsein bezieht sich in erster Linie auf das Empfinden des Menschen selber, von sich und der Situation, in der er lebt.

Ziele und Werte stehen miteinander in einer Beziehung. Werte können selber ein Ziel darstellen, das ist dann eine idealistische Sicht für das Leben. Werte können aber auch nur der Maßstab sein, mit dem Ziele erreicht werden. Das ist dann eine ethische und vielleicht schon pragmatische Sicht des Lebens. Wertanwendung zur weitestgehenden Werterreichung. Für den Einzelnen und die Gesellschaft. Wertfragen sind wichtig, aber als Essenzen, nicht als beliebige Befindlichkeiten und Wunschvorstellungen. Dass Werte, Befindlichkeiten und Wunschvorstellungen Auswirkungen auf die Struktur der Gesellschaft haben, ist nicht von der Hand zu weisen, aber wenn man Ursachenforschung betreibt, ist doch der Wert an sich nicht das Problem. Eher der Prozess der Bildung und Findung dieser Werte.

Nicht als Abbildung, Vorgabe oder reine Übernahme, sondern als Lebenserkenntnis der Individuen in der Gesellschaft.

Bilden sich diese Werte nicht mehr in einem hinreichenden Gleichklang, dann entstehen gesellschaftliche Probleme und – vielleicht – auch

Probleme in der Verortung des eigenen Glücks. In multikulturellen Gesellschaften ist dennoch das *Glücklichsein* des Einzelnen nicht ausgeschlossen, auch wenn die Gesellschaft oder Teile davon im Unglück verharren. Der oligopolistische Markt (den gibt es auch bei *hehren*, ethischen Werten) mag erdrückend sein, Nischen gibt es aber immer wieder, man muss sie nur sehen und sich nehmen (das ist jetzt durchaus auch *kapitalistisch* gemeint).

Und wo liegen nun unsere Schwierigkeiten, das persönliche Glück zu finden? Wo liegt eine eventuelle gesellschaftliche Störung im Wertekanon? Wir werden sehen.

Wir werden auch sehen, ob aus den Erkenntnissen, die wir im Einzelnen betrachten werden, Folgerungen für Führungsfragen und in der privaten Lebensführung zu gewinnen sind.

Noch ein Wort zu Krisen und „den" Krisen: Die Finanz- und Wirtschaftskrise ist nur vordergründig vorbei, kontrolliert oder geklärt. Die Vielzahl der „Parkplätze" für aufgeblähte Schulden – Bad-Bank-Strukturen, ESFS, ESM, Sonderfonds et alia – spricht für eine rein zeitliche Verschiebung. Schulden beseitigt man durch Gewinne oder durch einen Schuldschnitt, hilfsweise durch Inflation oder Währungsmaßnahmen.

Davon ist bei dieser Krisenbewältigung keine Rede.

Und betrachtet man den Finanzsektor einmal unter dem Gesichtspunkt des erzielten realwirtschaftlichen Vermögens, stellt man eine nachhaltige Disparität, ein Ungleichgewicht, zwischen dem behaupteten pekuniären Vermögen und der Vermögensschöpfung in den volkswirtschaftlichen Einheiten fest. Ob nun auf 1 € realer Produkte (Waren und Dienstleistungen) 50 oder 70 € Finanzprodukte[3] kommen (wobei es selbst dem Fachmann schwerfällt, den „Vermögenswert" festzustellen), sei dahin gestellt. Dass es Preisblasen gibt und bilanzielle „Blähungen", ist aber wohl nicht von der Hand zu weisen. Und unsere Chancen, mit diesen Auswüchsen weiterhin konfrontiert zu werden, drängen sich auf. Zu

---

[3] Allein wegen dieses Aufblähens der Vermögensstruktur sind auch die Thesen von Piketty – Capital XXI. Century, 2014 – über die Verarmung falsch, denn die Vermögensausweise, die er zugrunde legt, sind auch entsprechend überzogen. Hinzu kommen die kritischen Anmerkungen zur statistischen Aufarbeitung. Im Übrigen ist hier auch der Markt der US-REPO-Finanzierung – Überlassung von Wertpapiersicherheiten gegen Geld im Interbankenverkehr zur Kreditschöpfung – interessant. Hier geht man davon aus, dass 2/3 des Volumens nicht mit Kreditsicherheiten unterlegt sind, also in dieser Größenordnung Geld geschaffen wird, das (zumindest noch) zum Zeitpunkt der Kreditvergabe keiner Wirtschaftsleistung gegenübersteht. So die Wirtschaftswoche Nr. 38/2014.

hoffen ist, dass es nur eine schöpferische Zerstörung im Sinne Schumpeters sein wird und keine Katastrophe.

Und die Klimakrise(n), Terrorismusgefahren und die vielen kriegerischen Ambitionen? Das heben wir uns für später auf.

Ob Krisen zu Katastrophen werden oder man Schwierigkeiten in Chancen wendet, hängt auch, wenn nicht sogar wesentlich, von den Wertvorstellungen einer Gesellschaft und ihrer Selbstorganisation ab. Und diese Werteordnung hängt von der Verfasstheit der Individuen in einer Gesellschaft ab. Dem Umgang mit den eigenen Zielen und Werten, dem eigenen *Glücklichsein*.

Darin liegen in der Tat ein Kompass und ein Plan für die Lösung von Problemen, Krisen oder Katastrophen.

Divergierende Werteordnungen führen zu kopflosem Suchen und Alternieren bei den Lösungsmodellen. Das hindert eine Entscheidungsfindung und verzögert angemessene Lösungen, weil man sich in Grundsatzdiskussionen verliert, ohne dass man wirklich über die Grundlagen redet. Dogmatismusdebatten. Vielleicht stellt eine Divergenz der Werte – sofern man diese feststellen muss – eine besondere Form unzutreffender Allokation von Ressourcen dar. Aber diese beseitigt man nicht durch den Diskurs über die Macht- und Dogmatismusfragen.

Noch ein Wort vorab zum Thema Werte. In den nachfolgenden Ausführungen werde ich mich – ohne Dogmatismus – bemühen, den Begriff des Wertes von der Vielzahl der im täglichen Umgang geliebten „Werte" – also eher den abgeleiteten Werten – zu trennen, Befindlichkeit und angenehme Gefühlssituation und Zielpunkte des täglichen Lebens von den wirklichen Grundsatzwerten zu scheiden und zu unterscheiden. Die prägenden, grundsätzlichen Werte, aus denen man Entscheidungen ableiten kann oder die diese beeinflussen, möchte ich gerne unter den Begriff der Essenz fassen. Essenz deshalb, weil sie ein Konzentrat unseres Bemühens darstellt, die wichtigsten Entscheidungsmaßstäbe für die wichtigen Entscheidungen zu prägen. Man kann das auch als Kardinaltugenden, Grundwerte oder Ähnliches bezeichnen. Auf die Bezeichnung kommt es nicht an. Da bin ich dekonstruktivistisch. Es ist aber bedeutsam, weil man interkulturell durchaus eine Übereinstimmung in diesen wichtigen Grundentscheidungen erzielen kann. Und das ist Ausgangspunkt für die Lösung von Widersprüchen in abgeleiteten Werten. Was eine gemeinsame Lösung von Fragestellungen –

und damit die Lösung von Problemen – ermöglicht. Die Vereinzelung von Diskursen über eine Vielzahl von Befindlichkeiten und Benefits, positiven Gefühlszielen verlangt viel Zeit und bietet viel Raum für Missverständnisse. In der Vielzahl Aspekte, die einer Lösung von Krisen abträglich sind. Und im Übrigen auch das eigene *Glücklichsein* tangieren. Leben in Übereinstimmung mit den eigenen Essenzen und daraus abgeleiteten Werten führt zu einem positiven, ich meine punktuellen und dauerhaft glücklichen Leben.

Im Ergebnis werde ich also versuchen aufzuzeigen, dass *Glücklichsein* eine Konsequenz bewusster Lebensführung ist, die mit hinreichender Einheitlichkeit und auch bei Divergenz zur Gesellschaft die Grundlage zum *Glücklichsein* und damit auch zum Erfolg der Gesellschaft selber in sich birgt.

Auch wenn ich im Weiteren eine andere Position vertrete als Bordt, verdanken die nachfolgenden Gedanken seinem Buch die Anregung und stellen eine Annotation zu einem Teil seiner Ausführungen dar. Deshalb habe ich mir auch erlaubt, mich (fast) desselben Titels zu bedienen.

Und wenn ich dabei bin, auch ein Dank an meinen Schwager, Götz Neumann, der mich bewusst oder unbewusst zu einem Niederschreiben angestiftet hat. Wertevermittlung der besonderen Art.

UWE GESPER

DÜSSELDORF IM SEPTEMBER 2014[4]

---

[4] Und noch ein Hinweis: Das ist kein Buch für Schnellleser. Die Themen sind komplex, das prägt die Sprache. Und die Begriffe sind mehr- und vieldeutig und das verlangt Verharren, BeDenken. Also versuchen Sie es nicht mit 700 WpM, sondern takten Sie sich eher auf 200-300 WpM. Bleiben Sie achtsam und kritisch.

Krise und Neuanfang
GIBT ES KRISEN UND VERLANGEN SIE EINEN NEUANFANG?

Seit der Jahrtausendwende ist das Leben nicht einfacher geworden. Sollte man Hoffnungen gehabt haben, dass Perestroika und Glasnost, der Fall der Mauer und eine Erweiterung Europas die kritischen Situationen mindern würden, so kann man auf breiter Front scheinbar nur Enttäuschung diagnostizieren. Wie war das: Erstens kommt es anders und zweitens als man denkt.

Putin fällt in die Zeiten wilder Okkupationspolitik zurück und Europa betreibt ein neues Appeasement. Machtlos, wenn auch nicht ganz kraftlos. Die religiösen Entwicklungen – nicht nur des Islams, sondern auch der orthodoxen Christen und Juden, von diversen Sekten bis hin zu den pseudoreligiösen Scientologen – kann man als potentielle kleinere oder größere (lokale oder Welt-)Brände identifizieren. Huntington[5] lässt grüßen. Stürmische Feuer, deren Glut zurückreicht ins Mittelalter. Irgendwie hatten wir vergessen, sie auszutreten.

Bei den kriegerischen Krisen handelt es sich zumeist nicht um politischen Terrorismus, sondern

---

[5] Huntington, Clash of Civilizations, 1996

religiösen Fanatismus. Fanatismus, der nicht allzu selten der politischen Rechten oder der politischen Linken in die Hand spielt, Fremdenfeindlichkeit und Abschottung scheinbar begründbar macht. Fanatismus, dem die Eignung zur Machtdurchsetzung im Inneren nicht fremd ist, und politische Kräfte, die sich der religiösen Wellen zu genau diesem Zweck bedienen. Zur Verfolgung „idealisierter" Ziele und zur persönlichen Bereicherung.

Erdogan ist da – im Grunde – nicht anders als der „Islamische Staat"[6]. Nur ein bisschen zivilisierter. Natürlich wird er Korruptionsvorwürfe, Autokratie und Niederschlagung der Meinungsfreiheit weit von sich weisen. Alles eine Frage des Standpunktes.

Auch die Instrumentalisierung des Terrors zur Einschränkung von Freiheitsrechten und die Einleitung völkerrechtswidriger Landbesetzungen gehören, als heutige Kehrseite, dazu. 9/11[7] begründete die umfassendste Beschränkung der

---

[6] Gemeint ist hier die heterogene Terrorgruppe im Gebiet Syrien, Irak, Kurdistan, die ein Kalifat ausrufen will und selbst Glaubensgenossen, die ihren extremen Regeln nicht folgen – wie die Sunniten –, bekämpft und abschlachtet.
[7] Nur der Vollständigkeit halber, das Attentat auf die WTC-Tower in New York am 09.11.2001.

Freiheit des Einzelnen und die Allmacht des Staates.

Der Tod von mehr als 3.000 Menschen anlässlich der Anschläge auf das World Trade Center 2011 war schrecklich, der Verlust von mehr als 100.000 Menschen in einer Tsunamikatastrophe dramatisch und gerade Letzteres sollte uns als Weltgesellschaften ebenso nachhaltig beschäftigen. Aber die Hilfe in den von den Wetterkatastrophen betroffenen Ländern lässt nach, die Opferfragen nach dem Einsturz des World Trade Center weichen den Architekturfragen des Wiederaufbaus. Nur die Einschränkungen der Freiheitsrechte eines großen Teils der westlichen Welt nehmen immer mehr zu. Die Unterdrückung im Namen der Sicherheit steigt. Die imperialen Komponenten des Anstifters der Gegenreaktion – die USA – werden verharmlost und öffentlich weitestgehend negiert. Im Kampf gegen die Verletzung der Menschenrechte werden die Menschenrechte mit Füßen getreten. Rechts- und (grund-)wertefreie Zonen definiert und Folter und Tötung zum adäquaten Mittel erhoben[8].

---

[8] Das fängt bei Abu Ghraib und Guantánamo an und hört bei der Tötung durch Drohnen und Waterboarding noch lange nicht auf. Es macht weder vor eigenen Nationalitäten, noch vor denen „befreundeter" Staaten, noch vor der Souveränität anderer Staaten halt. Dass es kein „neues" Symptom ist, zeigt die Geschichte der Nachrichtendienste: Gla-

Bigotterie. Machtfragen, keine Wertentscheidungen. Keine Essenz. Keine „Suppenfrage".[9]

Auch bei der „Krise" Klimaänderung kann man darüber nachdenken, dass es hier zu einem nicht unwesentlichen Teil um Machtfragen – politische und gesellschaftliche – geht. Das PIK[10] kämpft, bei aller Berechtigung und allen anzuerkennenden Bemühungen, um Aufmerksamkeit und Finanzierungstöpfe und versucht wie viele andere der Zunft, den Hiatus[11] zu verstehen und die Klimaextreme zu erläutern[12]. Vielleicht ist aber etwas dran, dass das Wetter und damit das Klima (auch) eine langfristige Erscheinung des

---

dio, Rainbow Warrior, das Attentat auf den Bahnhof von Bologna. Die Liste ist beliebig fortsetzbar.

[9] Ein Zitat in einem Film mit Sean Connery (Forrester – Gefunden!). Vorlage der Hauptperson ist J. D. Salinger, der dort Forrester genannt wird. Salinger schrieb nur einen einzigen Roman, THE CATCHER IN THE RYE (1951). Trotzdem zählt er zu den meistgelesenen Autoren Amerikas. In diesem Film werden wichtige, essenzielle Fragen als „Suppenfragen" bezeichnet. Nur diese sind es wert, gestellt zu werden.

[10] Potsdamer Institut für Klimafolgenforschung

[11] Seit 15 Jahren gibt es eine Erwärmungspause (vgl. FAZ 27.08.2014 N1).

[12] Diese Entwicklung führt man zurzeit auf sogenannte Rossby-Wellen zurück, die ein „Stehen" einer aktuellen, lokalen Wettersituation über Wochen herbeiführen.

Lebens ist. Ähnlich wie Kondratieff[13] mit seinen 50-jährigen Wellen wirtschaftlicher Entwicklung? Vielleicht sollte man auch Lombergs Wandlung vom Saulus der „grünen Politik" zum (eingeschränkten) Paulus des „Kapitalismus" und seine andere Sicht der Konsequenzen einer Klimaänderung einer wohlwollenden Bewertung unterziehen[14] und daraus seine Schlüsse ziehen.

危机 Wéijī – Krise und Chance 机会 jīhui liegen nahe beieinander. Dem wird man allein aufgrund eigener praktischer Erfahrung zustimmen können.

Und das ist richtig und auch wieder nicht. Denn die Frage, ob sich aus einer Krise eine Chance ergibt, hängt damit zusammen, wer über die Krise in welcher Funktion nachdenkt und unter welchem Gesichtspunkt (auch welcher Werteorientierung) derjenige Chancen sucht. Der Politiker oder der Unternehmer wird unter dem Blickwinkel gesellschaftlicher oder unternehmerischer Verträglichkeit suchen, der Mensch – Idealisten anders als Realisten – auch, wenn nicht gar ausschließlich, unter dem Aspekt der

---

[13] Kondratieff, Die langen Wellen der Konjunktur. In: Archiv für Sozialwissenschaft und Sozialpolitik. 56, 1926, S. 573–609.
[14] Lomberg, Apocalypse No!, 2002

Selbstverwirklichung. Oder anders formuliert: auf der Suche nach dem Glück für sich und sein unmittelbares Umfeld.

Krisen stellen nach meinen Lebenserfahrungen auch, wenn auch nicht immer, nur eine Bereinigung von Auswüchsen, Übertreibung und Fehlentwicklungen dar. In der Wirtschaft kennen wir das als den Zustand der Pleite. Unsere Altvorderen nannten das bildmalend das Concurrere. Das Zusammenlaufen der Gläubiger, also den Konkurs. Heute bezeichnet man das profan als Insolvenz. Vielleicht, weil kaum noch Menschen zusammenkommen (also sich selber um etwas bemühen), wenn das Gericht zur Gläubigerversammlung ruft. Stattdessen beschreibt man die Fehlfunktion des Gebildes „Unternehmen", dessen Zahlungsunfähigkeit und Verschuldung. Man könnte auch meinen, das Problem des anderen, das dieser lösen soll. Man selber will sich gar nicht an einer Lösung beteiligen.

Was nebenbei die Vermutung zulässt, dass Wortbildung und Wertbildung miteinander einhergehen können.[15]

---

[15] Wenn Sie jetzt darüber nachdenken, dann üben Sie eine Praxis, die man mit einer Art von Achtsamkeit interpretieren kann. Darauf kommen wir noch, wenn Ihnen der – zugegebenermaßen – trendige Begriff nichts sagt. Eine

Und doch ist oder wäre gerade diese Situation in vielen Fällen und unter Begleitung von sehenden und strategisch denkenden Menschen ein Schritt in den Neuanfang. Voraussetzung: Das Unternehmen, seine Mitarbeiter und seine Gesellschafter haben Nabelschau betrieben. Ihre eigene Position erkannt und analysiert und die neuen oder angepassten Werte für weiteres Handeln definiert. Dann kann man im besten Schumpeter'schen[16] Sinn eine schöpferische Zerstörung feststellen.

In einer Krise kann wohl auch ein Neuanfang liegen. Vielleicht auch in jeder Krise. Sicher nicht in jeder kritischen Situation. Diese Erkenntnis führt dann aber auch zur Frage, wie der Einzelne überhaupt zur Lösung einer Krise beitragen kann. Ob die eigenen Grundwerte, die man der Gestaltung des eigenen Lebens zu Grunde legt, oder der Reflex der Gesellschaft auf die eigenen Werte und umgekehrt dazu einen Beitrag leisten können.

Über Grundwerte, Essenzen und deren Veränderung oder Begründung denken Menschen seit

---

Suchtechnik bei Wertfindungen und ein Hilfsmittel bei Krisenlösungen.
[16] Schumpeter, Theorie der wirtschaftlichen Entwicklung, 1911

Jahrtausenden nach. In der geschichtlichen Entwicklung findet man derartige Gedanken vornehmlich in der Philosophie. Und ihre Vertreter verorten das unter der philosophischen Perspektive vom Leben.

Die philosophische Perspektive
KANN DIE SICHT AUF DAS PERSÖNLICHE GLÜCK EINE ANTWORT ZUR LÖSUNG WICHTIGER KRISEN LIEFERN?

Man muss sich vor Augen führen, dass die Frage nach dem persönlichen Glück eine andere Qualität haben kann als die Frage nach dem gesellschaftlichen Glück oder dem Sinn der Gesellschaft. Beide Fragen sind von unterschiedlichen Aspekten getrieben. Fragen des Individuums können dennoch eine gleiche Ausrichtung haben wie die einer Vielzahl von Individuen, vielleicht auch der Gesellschaft als Ganzes. Andererseits hat die Ausrichtung der Gesellschaft in der Regel auch Auswirkungen auf das Individuum.

Die Fragen des persönlichen Glücks kann man – philosophisch – unter dem Blickwinkel der „Anleitung zum richtigen Leben" betrachten. Philosophie als Versuch, mit Logik (als Lehre vom folgerichtigen Denken), Ethik (Lehre vom richtigen Verhalten) und Metaphysik (Lehre vom ersten Grund des Seins und der Wirklichkeit) die eigene Existenz zu ergründen. Und frei nach Sir Popper[17] kann man festhalten, dass alles Leben

---

[17] Popper, Alles Leben ist Problemlösung, 1994. Popper wandte sich u.a. gegen die Systemvorgaben von Platon, Hegel und Marx, weil sie durch ihre dogmatische Strukturierung totalitäre Systeme fördern und unterstützen würden.

„Problemlösung" ist. Irgendwo auf diesem Weg findet sich vielleicht auch die Eudaimonia der Stoiker[18] (das Glück in sich selbst).

Ich werde im Nachfolgenden den Begriff der Moral nicht verwenden. Das liegt daran, dass er im Allgemeinen sowieso mit dem Begriff des Ethos und der Ethik eine Überschneidung herstellt[19] und andererseits die Diskussion über die Moral mir eine Ableitung dogmatischen Verständnisses von außerhalb des Menschen gebildeter Regelung darzustellen scheint. Dies kann man exemplarisch an der Moraltheologie erkennen, was uns aber hinsichtlich meines Themas nicht wirklich weiterbringt.

Inwieweit kann nun die philosophische Perspektive bei der Bewältigung von Krisen und der Findung eigenen Glücks helfen?

---

[18] Zu denen gehörten nach Zenon, dem Gründer, auch Poseidonis, Panaitios, Epiktet, Seneca und Cicero, aber auch moderne Philosophen gewinnen den Ideen viel ab (John Stuart Mill, Schopenhauer, Friedrich Nietzsche und Bertrand Russell)

[19] Der deutsche Ausdruck der Moral kommt aus dem Französischen: MORALE. Dieser wiederum geht auf den lateinischen Begriff der MORALIS (die Sitte betreffend, von MOS, die Sitte) zurück. Ein Stoiker, Cicero, prägte im Weiteren den Ausdruck der PHILOSOPHIA MORALIS als Übersetzung des griechischen Begriffs der êthikê (Ethik), was bereits auf die sehr nahe Beziehung dieser Begriffe verweist.

Krisen zu lösen und Chancen zu nutzen verlangt vom Einzelnen und der Gesellschaft, Dinge zu sehen, zu erkennen und Entscheidungen zu treffen. Aber an was sollen sich die Entscheidungen orientieren? Neben den logischen Lösungen (wenn es brennt, muss man löschen) gibt es auch Entscheidungssituationen, die eine Bandbreite von Möglichkeiten beinhalten. Ein Entscheidungsraum, der abhängig ist von allgemeinen Vorstellungen, die der Lösungssucher für seine Entscheidungen zu Grunde legt. Ein Wertekanon bestimmt das Handeln des Einzelnen[20] und damit indirekt auch die Entscheidung der Träger gesellschaftlicher Kompetenz und Gewalt. Hier verknüpfen sich philosophische Perspektive und Krisenlösungsszenario. Menschen, die an Krisenlösungen mitwirken, sind in erster Linie eben Menschen und denken wie ein solcher. Als Mensch unterliegt man bei seiner Beurteilung der Welt seinen eigenen Maßstäben, Grundwerten oder Befindlichkeiten und Interessen. Man

---

[20] Cheney brachte das z.B. zum Ausdruck, als er hinsichtlich der Vorwürfe wegen der Foltermethoden in Abu Ghraib (u.a. das Stehen auf einer Kiste bei an der Decke befestigten Armen und verhülltem Kopf) lapidar vermerkte, dass „Stehen doch kein Problem sei, er würde das auch den ganzen Tag durchhalten"; mehr als nur Zynismus zur Verteidigung staatlicher Folter – und heute dienen die Entlassenen dieses Gefängnisses als Streiter des Islamischen Staates.

prägt mit seinen eigenen Entscheidungen die Gesellschaft und sich selber. Damit realisiert man aber auch den Grad seiner eigenen Werterfüllung. Und hier liegt die Rückbezüglichkeit der eigenen Wertvorstellung in den gesellschaftlichen Folgen. Und Werterfüllung ist die Basis des eigenen Erlebens von Glück.

Karl Rahner hat in einer seiner Reden[21] einmal Entscheidungen, die Entscheidungsträger im gesellschaftlichen oder politischen Bereich fällen, als solche des Einzelnen oder einer Vielzahl Einzelner beschrieben, die sich wie in einem Brennspiegel verdichten. Insoweit stellt sich in der Tat die Frage, ob die als Fehlentwicklungen interpretierten krisenhaften Situationen eine Spiegelung der falschen oder divergierenden Wertvorstellungen einiger oder auch vieler darstellen. Wird die Welt besser, wenn wir nur selber unserem *Glücklichsein* verpflichtet bleiben?

Manchmal wird die Meinung vertreten, dass wir nur einen Blick auf weniger entwickelte Gesellschaften werfen müssen, um zu sehen, dass Glücklichsein z.B. keine Frage materieller Aus-

---

[21] Wenn ich gefragt werde, wo er das sagt: Fragen Sie meine Deutschlehrerin Frau Dr. Müller. Sie hektographierte das Anfang der 70er Jahre, also vor Urzeiten, für eine Textanalyse. In jedem Fall ist es ein interessanter Gedanke und ich bekunde nur, dass ich ihn übernommen habe.

stattung ist. Man dort glücklich (ob glücklicher, sei dahingestellt) sei, ohne dass man das für die jeweilige lokale Gesellschaft oder Gruppierung im Ganzen betrachtet.

Auf den ersten Blick ist nicht erkennbar, dass Menschen, denen es an materiellem Wohlstand fehlt, im Ganzen glücklich(er) sind. Fehlender materieller Wohlstand schließt das Glücklichsein nicht aus. Dazu kommen wir später noch. Aber das begründet noch nicht die Umkehrung, dass materielle Sparsamkeit das Glücklichsein mitverursacht. Nicht weil, sondern obwohl ist doch wohl eher die richtige Annahme. Noch weniger scheint es verifizierbar, dass solche Menschen in einer Gesellschaft leben, die weniger Krisen aufweist.

Vielleicht ist es aber auch müßig, diesem Vergleich weiter nachzugehen, dessen Gedanken doch sehr an die überholte Rousseau'sche Vorstellung vom „guten Wilden"[22] erinnern und

---

[22] Spannend ist dieses Bild übrigens vor allem wegen der praktizierten Einstellung von Rousseau zu seinen eigenen Kindern (man sollte annehmen, wer sich so für das „Gute im Menschen" einsetzt, würde alles tun, um es selber zu leben). Seine Geliebte verbrachte zwei seiner Mitte des 18. Jhdt. geborenen Kinder in eine Einrichtung für Findelkinder (Enfants trouvés). Eine Einrichtung, in der sie nur geringe Chancen hatten zu überleben. Dies entsprach einer damals allgemein geübten Praxis. Insbesondere aber

schon oftmals durch eine intensive Beschäftigung mit den Strukturen der jeweiligen Gesellschaft und der Einzelnen widerlegt werden.

Sich Umstände und Betrachtungsperspektiven bewusst zu machen, um Fragen beantworten zu können, ist auch ein philosophischer und in manchen Lehren auch ein religiöser Ansatz. Eine Form von Achtsamkeit. Von BeDenken.[23] Eine der möglichen Perspektiven.

Vielleicht liegt die Antwort auf die Frage, ob die persönliche Einstellung eine Hilfe zur Lösung von Krisen liefert, in der Beschreibung, welcher Art die Werte sind, über die wir hier sprechen, und ob diese dann gegebenenfalls zu einer gewinnbringenden (philosophischen, aber möglicherweise auch ökonomischen) Lösung von Krisen beitragen.

Voltaire (der Lehrer von Friedrich dem Großen) monierte vor allem deshalb die Glaubwürdigkeit als pädagogischer Theoretiker.
[23] Dazu weiter unten

Zu den Werten
WAS SIND EIGENTLICH WERTE UND WEM GEHÖREN SIE?

Die Annahme, es gäbe einen allgemeinen Werteverlust, ist nicht neu. Pointiert kann man davon sprechen, dass es eine Generationenregel ist. Jede ältere Generation vermag dies von der jüngeren zu behaupten. Aber auch in der wissenschaftlichen Beschäftigung finden sich solche Ansätze. Mitscherlich[24] beschäftigt sich schon Anfang der 60er mit dem Wegfall von Vorbildern und Wertevermittlern – allerdings mit einem sehr patriarchalischen Schwerpunkt – und viele andere taten es ihm gleich.

Für die Überlegung im Rahmen unserer Betrachtungen stellt sich die Frage, was man unter Werten versteht, welche Dynamik einer Entwicklung im Begrifflichen diesen innewohnt und wer die entscheidenden Werte bildet, verändert und anwendet.

Für den Einzelnen gibt es eine Vielzahl von Umständen, die er mit seiner eigenen positiven Befindlichkeit in Verbindung bringt, an denen er vielleicht auch sein eigenes Glück festmacht[25].

---

[24] Mitscherlich, Auf dem Weg in die vaterlose Gesellschaft, 1963
[25] Vielleicht entsprach das Weggeben der Kinder durch Rousseau (vgl. FN 22) seinem Wertekanon und in der Kon-

Natürlich stellt sich vorab die Frage, ob jede positive oder negative Befindlichkeit bereits einen Wert an sich darstellt. Ich vertrete die Ansicht, dass nur die Erkenntnisse als Grundwerte oder Essenzen erstarken und die Leitlinien bilden können, die im intensiven Bemühen um eine eigene Einsicht gewonnen wurden. Das schließt nicht aus, dass Ableitungen und Anwendungen daraus als Befindlichkeiten erkannt werden und weitaus häufigere Erscheinungen im täglichen Umgang sind, aber sie sind eben zurückzuführen auf die wenigen wirklich wichtigen Essenzen.

Man kann sich der Beantwortung der Frage nach den Werten auch dadurch nähern, dass man die Zielrichtung, warum man nach Wertvorstellung sucht, betrachtet. Werte sollen – so die hier vertretene Ansicht – eine Richtschnur für eigene Entscheidungsfindung darstellen und auch für Entscheidungen in der Gesellschaft und Politik[26].

---

sequenz hat es vielleicht sein Leben erleichtert, ihn vielleicht glücklich gemacht – auch wenn wir das aus heutiger Sicht, jeder für sich oder die Gesellschaft, anders beurteilen könnten.

[26] Das ist nun wieder etwas kantianisch im Sinne des kategorischen Imperativs, was hoffentlich zeigt, dass reiner Dogmatismus keine Lösung für die Problemfragen des Lebens darstellt, sondern jeder seinen eigenen reflektierten

Wenn Werte für wesentliche und bedeutsame Entscheidungen eine Richtschnur darstellen sollen, so wird man schwerlich von beliebigen Vorgaben ausgehen, insbesondere nicht von reinen Bequemlichkeiten und angenehmen Umständen. Werte sind auch insoweit eine Essenz von Lebensüberzeugungen. Eher wenige, aber besonders bedeutsame, die in erster Linie eine Hilfe darstellen für die Gestaltung des Lebens des Einzelnen. Sie sind strategische Orientierungen im täglichen Chaos von Fragen und Problemen.

Zuvorderst muss der Einzelne die Werte für sich selber entdecken und feststellen. Da er als soziales Wesen nicht autark ist, bleibt es nicht aus, dass er mit der Entdeckung von Werten anderer interagiert und verschiedene traditionelle Wertekanons identifiziert, annimmt oder variiert. Erziehung und geschichtliche Verfasstheit bilden sehr wahrscheinlich einen starken Anteil an den Werten, die man seinen eigenen Entscheidungen zu Grunde legt[27].

Weg suchen muss und Anleihen bei vielen (Mit-)Denkenden zulässig sind.
[27] In diesem Zusammenhang möchte ich – apodiktisch und ohne das hier zu erläutern – nur festhalten, dass ich kein Anhänger der Theorie bin, dass der menschliche Wille kein freier, sondern ein vorgegebener ist; mögen die Neurologen und Verhaltensforscher in Teilen auch anderes mit interessanten Argumenten behaupten.

Wenn Werte Entscheidungsprozesse des Menschen beeinflussen, wenn nicht gar prägen, dann ist die Tatsache einer Interaktion zwischen den Werten der Gesellschaft und den Werten des Einzelnen grundsätzlich geeignet, darin auch Risiken und Lösungen für Krisen und die Wahrnehmung von Chancen in einer Krise zu sehen. Dies gilt umso mehr, weil die Entscheidungen von Menschen getroffen werden, die genau nach diesen Mustern handeln. Und solange uns die Digitalisierung der Welt nicht zu anderen Wahrnehmungen zwingt, wird damit die Verfasstheit des Menschen die Entscheidungen beeinflussen.

Und wem „gehören" diese Werte? Dem, der sie erschafft, sich aneignet, sich um sie *gemü(h)t* hat. Er tritt mit ihnen in den Wettstreit gegen andere Erkenntnisse und Werte. Und wer sich dabei an den merkantilen Wettkampf oder darwinistisches Gedankengut erinnert fühlt, liegt sicher nicht falsch.

Möge in Anstand der Bessere gewinnen und schöpferische Zerstörung walten, wo der Wert sich nicht behaupten kann.

Richtige Werte
UND WER BESTIMMT DARÜBER, WAS RICHTIGE WERTE SIND?

Der richtige Wert. Wer mag darüber entscheiden, welche Messlatte für eine Problembewältigung die angemessene ist. Traditionalisten werden die historische Entwicklung bemühen, die christliche Ethik, die Suren des Korans, die Thora oder die Quintessenz eines politischen Diskurses von Hegel, Engels und Marx oder Mao Dse Dongs[28] rotes Buch, die „Mao Bibel". Aber erhöht die Aufstellung durch eine Gruppe die Wahrhaftigkeit der Wertekanons? Trotz des christlichen Wertekanons hinderte das weder die Kirche noch den einzelnen Gläubigen, im Namen des Glaubens die schlimmsten Dinge zu begehen oder, anders gesagt, die falschen Entscheidungen zu treffen. Das bezieht sich nicht nur auf diese dogmatische Richtung. Was insbesondere dem katholischen Glauben die Inquisition, missionarische Befriedung oder die Kreuzzüge waren, ist dem Islam sein Dschihad[29], ist

---

[28] Oder auch Mao Zedong (毛澤東 / 毛泽东)
[29] Spätestens seit dem Auftreten des Islamischen Staates dürfte an der borniertten und brutalen Rechthaberei vermeintlicher Religionsvertreter in allen Lagern kein Zweifel bestehen.

G. W. Bushs Krieg der Gerechten[30] gegen Massenvernichtungswaffen im Irak. Das desavouiert nicht einzelne Werte, aber mindert die Annahme, dass der Wertekanon an sich geeignet ist, Leitlinien für die Entscheidungsfindung des Einzelnen und der Gemeinschaft und für alle Fragen in allen Zeiten zu liefern. Das führt uns zurück zum Ausgangspunkt der Wertefragen: dem Menschen, der diese Entscheidung trifft. Für sich. Als seine Leitlinie. Warum sollte dann ein anderer für ihn entscheiden dürfen?

Für ihn muss (oder sollte) der Wert eine Essenz darstellen, seine Essenz. Interessant bleibt die Frage, an welchen Werten sich der Einzelne orientieren wird. Religiöse, politische, gesellschaftliche Einstellungen werden Einfluss nehmen. Die Vermittlung von Vorbildern und die Bereitschaft des Einzelnen, sich mit den Fragen aktiv und eben auch mit entsprechendem Bemühen auseinanderzusetzen, werden einen Teil beitragen. Jeder findet irgendwelche Werte oder hält das, was er findet, für seinen Wert. Und er richtet sein Leben darauf aus. Das Leben, das mit den Leben der anderen konkurriert, kollidiert oder sich in einer Nische versteckt und das Leben anderer daran vorbeigehen lässt.

---

[30] Was für eine Hybris von einem derart ungerechten Menschen

Was, wenn die Werte des Einzelnen nicht mit den gesellschaftlichen Vorgaben konform gehen? Was z.B., um in der christlichen Symbolik zu bleiben, wenn eine der sieben Todsünden[31] das Denken und Handeln des Einzelnen bestimmt? Was, wenn die Gier – ihr begegnen wir im aktuellen Umfeld nicht gerade selten – eine Leitlinie für Entscheidungen des Einzelnen darstellt?

Dem Menschen, der die Gier zu seiner Leitlinie erhebt, kann man nicht absprechen, dass er seine Werte verwirklicht, wenn er nach deren Verwirklichung sucht. Nach der hier vertretenen Ansicht sollte er also glücklich sein und das, obwohl die Gesellschaft das in Teilen oder als Ganzes nicht gutheißen muss. Christlich orientierte Gesellschaften am wenigsten.

Wenn man nicht von einer notwendigen Konformität zwischen Einzelnem und Gesellschaft ausgeht, liegt für den Keuschen die Wollust im Bereich des Undenkbaren, stellt sie für den Leidenschaftlichen eine begehrenswerte Position dar, ihre Schaustellung ein zulässiger Anreiz, ihre Verhüllung eine Wertevernichtung und Despek-

---

[31] Zur Erinnerung: Die christliche Religion sah darin Hochmut, Geiz, Wollust, Zorn, Völlerei, Neid und Faulheit. Dem Geiz ordnete man dabei die Habgier als altera pars zu.

tierlichkeit. Wie anders der orthodoxe Jude, dem schon die Verwendung von Elektrizität an einem Sabbat ein Graus und ein Frevel ist, oder der korangläubige Muslim, für den die Sicht auf die Fesseln der verschleierten Frau nur mit Stockschlägen als Strafe zu sühnen ist.

Richtige Werte sollten immer auch die Erkenntnis der Relativität in sich tragen. Der Mensch sollte erkennen, dass es die objektive Wahrheit[32], das Richtige, nicht gibt. Damit verlangt der richtige Wert auch die Erkenntnis, dass andere Werte ihre Berechtigung haben. Und damit ist ein Wertekanon immer auch von Toleranz geprägt, wenn er nicht der Hybris der Vollkommenheit unterliegen will. Und Hochmut ist wohl in den meisten Kulturen und Wertekanons unserer Erde eine Untugend, ein Unwert.

Was zählt nun als richtiger Wert?

---

[32] Dazu gleich im folgenden Kapitel

Was alles nicht zählt
BRAUCHT MAN EINE OBJEKTIVE WAHRHEIT?

Die Frage sollte man anders stellen. Sind wir überhaupt in der Lage, die objektive Wahrheit zu erkennen? Und brauchen wir sie zur Bildung unseres Werteankers als Basis unserer Lebensgestaltung?

Noch ein bisschen mehr klassische Philosophie. Platon[33] hat bei seiner Suche nach dem Lebensleitfaden sein bekanntes Höhlengleichnis[34] gebildet. Die Erkenntnis einer objektiven Wahrheit verlangt danach dem Menschen als Einzelnem und als Mitglied einer Gruppe intensives Bemühen ab und belässt ihn für die meiste Zeit seines

---

[33] Dass hier auf Platon und das Höhlengleichnis Bezug genommen wird, soll keine Aufwertung des platonischen Systems darstellen. Das Bild der Perspektive zur Wahrheitsfindung ist aber gut gelungen, um die zweifelhafte Erkenntnisfähigkeit des Menschen bezüglich einer umfassenden Wahrheit zu beschreiben. Platon ist und bleibt ein Vertreter autoritärer Philosophie.

[34] Platon schildert das Höhlengleichnis im 7. Buch DER STAAT (POLITEÍA). Es beschreibt den Erkenntnisprozess der Wahrheitsfindung, indem es den Menschen in eine unterirdische Höhle versetzt, von der aus er – in seiner Bewegung eingeschränkt – das Licht am Höhleneingang (die Wahrheit) nur als Widerspiegelung auf einer der Wände erkennt. Eine Frage der Perspektive. Den Aufstieg zum Höhleneingang vollzieht jeder für sich und nach eigenen Fertigkeiten, aber da man dabei Hilfe benötigt, ist es zugleich auch ein kollektives Bemühen.

Bemühens in der Situation der relativen Wahrheit. Vielleicht übersteigt das Suchen nach einer objektiven Wahrheit unsere Fähigkeiten.

Und benötigen wir sie wirklich für die Bewältigung unseres Lebens und unserer gesellschaftlichen, politischen oder unternehmerischen Fragen?

Reicht es nicht aus, in der Introspektion – der Selbstbetrachtung – nach den eigenen, relativen Werten zu suchen und in der gesellschaftlichen Kontrolle nicht achtenswerte Auswüchse zu beschneiden?

Wie sieht es aus, wenn der Einzelne Werte wie Gesundheit, Reichtum, Status oder Erfolg für sich definiert? Ihnen zielstrebig folgt. Erfolgreich ist und doch eine Schneise der gesellschaftlichen Verwüstung hinter sich lässt. Findet man den Weg, das Glücklichsein des Einzelnen ohne oder mit geringer Konformität zuzulassen und die gesellschaftliche Zielerreichung und Werteverwirklichung anderer aufeinander abzustimmen?

Hauptsache gesund und am Leben[35]
IST DAS KÖRPERLICHE WOHLBEFINDEN, UNVERSEHRTHEIT ODER EIN LANGES LEBEN EIN WERT AN SICH?

Die Gesundheit ist ein wichtiger Umstand, der das tägliche Leben erleichtert. Deshalb mag man dem Gedanken verfallen, ihm einen Wert an sich zuzuordnen. Einen Wert, den man fördern sollte, dem man eine Priorität einräumen würde. Technik und Medizin bieten in diesem Zusammenhang viel. Laufende Blutdruckkontrolle, Vorschläge für ein effizientes Leben, die Taktvorgabe vom Armgelenk, Smartwatch kontrolliert und publiziert, Fremdkontrolle inbegriffen, gewünscht oder gruppendynamisch gefordert, Leistungswettbewerb im Netz.

Zu diesem Gesundheitsbild scheint das Wort Jugend, Leistungsgesellschaft, Extremsport zu gehören.

Krankheit, Ruhe und Schonung, insbesondere aber der Tod – der eigene und der fremde – und der Umgang mit ihm, gehören nicht dazu.

---

[35] Friedman/Martin, Die Long-Life-Formel, 2012, zu diesem Teilaspekt des „Glücklichseins" eine interessante wissenschaftliche Studie, die fast 100 Jahre Betrachtungszeitraum beinhaltet.

Gesundheit ist Voraussetzung für viele Dinge, die man selber gerne tun würde. Aber auch dann, wenn man krank ist, schließt das nicht aus, Dinge zu tun, mit denen man eine Erfüllung verbindet. Und das Gefühl der Erfüllung ist ein wesentlicher Teil vom Glücklichsein. Wenn aber die Gesundheit nicht zwingend ist für ein Glücklichsein, dann dient sie den Grundwerten, ist aber keine Essenz und damit keiner der Grundwerte an sich. Sie bleibt eine praktische Befindlichkeitsvorstellung.

Und der Tod als Ende der Gesundheit? Man stelle sich vor, dass Gevatter Tod nach einem erfüllten Leben wartet. Die Betonung liegt auf erfülltem Leben, nicht einem langen Leben. Dann kann im Gehen (im Verlassen des Lebens) eine Erfüllung liegen. Und in der Begleitung des Sterbenden eine Bereicherung. Das weist auf einen wirklichen Wert: Nicht dem Leben mehr Tage, sondern dem Tag mehr Leben geben. Bewusstes Erleben, Achtsamkeit[36].

---

[36] Das ist auch ein Begriff des Buddhismus, der aber schon in vielen verschiedenen Zusammenhängen in Erscheinung getreten ist. Z.B. auch in Lessings Nathan der Weise (1779) und dort in der Ringparabel (die ursprünglich in Erzählungen sephardischer Juden im 11. Jhdt. auftauchte) und das Thema des wahren Glaubens, der Wahrheit betraf. Jeder der Söhne (heute auch der Töchter) hatte ein Teil des Wissens, weil er einen Teil des Ringes der wahren Erkenntnis

Dann verliert auch der Tod spirituell seine Schrecken (auch wenn die Angst vor den Schmerzen bleiben mag) und die Abwesenheit von Angst ist ein Beitrag zum Glücklichsein. In der Konsequenz ist Krankheit, die eigene und die anderer, vielleicht geliebter Menschen, also auch eine Bereicherung. Man muss die Situation auch als Herausforderung, die Nähe zu anderen zu suchen, begreifen. Eine Nähe, die dann wiederum Erfüllung vermitteln kann. Und gerade Erfüllung ist Teil von Glück. Und trotzdem knüpft hier auch ein anderer Aspekt an, der einmal mehr unterstreicht, dass Werte eine Sache des Individuums sind. Sich mit dem (potentiellen) Sterben eines geliebten Menschen auseinanderzusetzen, hat einen anderen Stellenwert, als sich mit dem eigenen „Gehenmüssen" zu versöhnen.

---

hatte, nur gemeinsam besaßen sie alles. Die Achtsamkeit hätte es ihnen erschließen können.

Die Perspektive macht einen gravierenden Unterschied. Und für die Versöhnung der unterschiedlichen Standpunkte mag manchmal die bewusste Änderung der eigenen Perspektive für eine Lösung förderlich sein.[37]

---

[37] Ein schönes Bild zum Thema Perspektive ist die Szene der, auf dem Tisch stehenden, Schüler in dem Kinofilm „Der Club der toten Dichter" (mit dem kürzlich verstorbenen Robin Williams in der Hauptrolle als Lehrer). Der Klassenlehrer, der die Selbsterkundung/Introspektion fördern wollte. Er hatte aus dem Lyrikbuch – dem „Preacher" – die Seiten über die „Gesetze der Lyrik" entfernen lassen, die den Schülern die Güte der Lyrik erschließen sollten, und stattdessen eigenes Denken gefordert. Mit seinen Konzepten scheiterte er an der Konformität der Schulpädagogik und der Borniertheit der Eltern. Und doch war er erfolgreich, weil einige der Schüler zum Abschied – beim Rausschmiss des Klassenlehrers durch den Schulleiter – auf die Tische stiegen und mit dem unorthodoxen Gruß „Mein Captain" eben diesen Klassenlehrer verabschiedeten.

Hauptsache reich
WER REICHTUM UND GELD ALS WERT BEGREIFT UND VERWIRKLICHT, IST GLÜCKLICH?

Für viele Menschen, insbesondere Menschen, die nicht darüber verfügen, ist Reichtum ein erstrebenswerter Umstand. Wer sollte bezweifeln, dass ein ausreichender Vorrat an Geldmitteln das Leben vereinfacht und angenehmer gestaltet. Die Frage, was Reichtum ist, ist für die meisten Menschen nicht vorbestimmbar. Sie ergibt sich im Übrigen auch aus einer individuellen Vorstellung. Für den einen ist das ein Betrag von 10.000 €, für den anderen sind 100.000 € oder 1 Mio. € keine nennenswerte Summe. Als Student waren 10 DM[38] ausreichend, um umworbene KommilitonInnen zum Kaffee einzuladen, und mit 500 DM[39] konnte man in den 70ern noch sein Auskommen finden.

Mit Reichtum und Geld werden im wirtschaftlichen Leben landläufig auch Arbeit, Leistungserbringung und Gegenleistung verbunden. Mehr oder minder viel Arbeit. Workaholics, die notorischen Vielarbeiter, begegnen uns im täglichen Leben häufig. Heißt das, dass es ein sinnvoller

---

[38] Das ist die alte stabile Währung der BRD, falls das entfallen sein sollte.
[39] Das liegt heute eher bei 800–1.000 €.

Wert ist, einen 16-Stunden-Tag anzustreben und damit viel Geld zu verdienen, Reichtum anzuhäufen? Oder stellt dieses Streben eher ein negatives Ziel, also einen UnWert dar? Wohl weder noch. Ausgangspunkt war, dass der Einzelne seine Werte selber, für sich, bestimmt. Mag er sie auch aus allgemeinen Werten, die er aus seiner Lebensbiographie oder auf Grund äußerer Zwänge[40] gewonnen hat, abgeleitet haben. Für den Einzelnen kann die intensive Arbeit aus eigenem Antrieb, wenn auch durch äußere Belastung überlagert, eine hinreichende Bereicherung sein. Eine Bereicherung des Lebensgefühls und eine Möglichkeit des Gestaltens beinhalten, die eine Essenz und damit einen Wert darstellt. Vielleicht verschiebt er ja nicht „sein Leben" auf später, sondern lebt in seinem Tätigsein sein Leben?

Hier spielt auch ein weiterer Aspekt bei der Beurteilung von Werten hinein: die Frage nach der Intensität, diesen Wert zu suchen, zu leben und umzusetzen. Und gleichermaßen die reflexive Reaktion der Gesellschaft auf die Wertumsetzung als Gegenaspekt.

---

[40] Das bedeutet nicht unbedingt, dass man einen „aufgezwungenen" Wert nicht aktivieren kann, um mit ihm und seiner Anwendung glücklich zu sein.

Erfüllendes Bemühen um eine in der Gesellschaft akzeptierte Leistung und damit verbunden die Verschaffung einer eigenen Lebensgrundlage ist einerseits ein Thema der Liquidität im Sinne verfügbaren Einkommens, der Selbstverwirklichung und der Erreichung gesellschaftlicher Akzeptanz für die Leistung. Und damit der Akzeptanz des Einzelnen in der Gesellschaft. Als sozial agierendes Wesen keinen Rückhalt in der Gesellschaft zu haben, ist nur für starke Charaktere verkraftbar. Die meisten Menschen benötigen die Rückkopplung. Wenn man so will, auch die Konformität mit den gesellschaftlichen Vorgaben. Abweichungen verlangen die Fähigkeit, mit den Reaktionen der Gesellschaft umgehen zu können.

Beschäftigungslosigkeit – gewollt, wie in der Verrentung, oder ungewollt bei Arbeitslosigkeit – ist für viele ein schweres Los. Ihr fehlt die soziale Billigung und sie mindert – häufig – das eigene Selbstwertgefühl. Wohl die wenigsten werden bestreiten, dass dies dann das Glücklichsein hindert oder hindern kann.

Und was bedeutet das für die Frage der Arbeit als Wert? Wenn man (sozialverantwortliches)[41]

---

[41] Der Einsatz für eine eigene Vermögensmehrung ist grundsätzlich auch unter dem Gesichtspunkt volkswirt-

Tätigsein als einen Wert für sich anerkennt und damit sein Auskommen erzielen möchte, vielleicht sogar Vermögen aufbauen will, weil man mit Reichtum eine Verbesserung seiner eigenen Selbstverwirklichung – oder gesellschaftliche Gutleistungen – erreichen will, dann muss man das tun. Man verwirklicht dann seine Werte. Ob es eine Essenz ist, wird sich noch zeigen.

Vielleicht ist man, wenn man dann Reichtum erlangt hat, einsam und verlassen – was natürlich auch anders laufen kann –, kennt Familie und Kinder nicht, benennt Menschen als Freunde, die bei Wegfall des Reichtums oder der Position als Vorstand oder Geschäftsführer keinen Kontakt mehr nachfragen oder, wenn Entscheidungen falsch laufen, das Weite suchen. Dann muss man das Unwichtigwerden genauso wollen und akzeptieren. Oder man justiert seine Werte anders. Setzt andere Prioritäten. Verschiebt nicht alles „auf später". Dann pflegt man meiner Meinung nach einen besonderen Wert: den des Maßhaltens. Und wenn man diesem Gedanken folgt, zeigt sich auch, warum Reichtum und Einfluss an sich kein Grundwert und keine Essenz sind. Weil das Maß nicht im Reichtum, sondern im Maßhalten liegt.

---

schaftlicher Wertschöpfung zu sehen und damit gesellschaftlich notwendig.

Der Wert des Reichtums an sich, den der Einzelne für sich erarbeitet, führt eben nicht automatisch zu einer befriedigenden Beschreibung einer Chance für das eigene Glücklichsein. Das Maßhalten wohl schon. Denn man lebt jeden Tag mit der Chance des Gefühls einer Erfüllung, ohne andere Dinge zu vernachlässigen. Insofern ist auch die Sentenz von Thoreau[42] zu verstehen, dass der Reichtum des Einzelnen im Verhältnis zu seiner Fähigkeit, auf Dinge zu verzichten, zu sehen ist.

Welche Auswirkungen die nachhaltige Verfolgung von selbst gefundenen Werten auf die anderen Individuen hat und auf die Gesellschaft, wollen wir an anderer Stelle näher besprechen.

---

[42] Henry David Thoreau, amerikanischer Schriftsteller und Philosoph (1817-1862); aus „Walden" (1854), A man is rich in proportion to the number of things which he can afford to let alone. Thoreau war Unternehmersohn und übte das einfache Leben in Walden. Er gab aber nach 1 ½ Jahren auf.

Ist Glücklichsein alles
MUSS ES EIN GLÜCKLICHES LEBEN SEIN?

Das Streben nach dem persönlichen Glück ist allgegenwärtig, wenn auch viele nicht wissen, was sie sich darunter eigentlich vorstellen wollen oder können. Was versteht man unter Glück? Das Gefühl der Zufriedenheit, die Ferne von Sorgen und Ängsten? Wenn man es nur als Erfüllung der Grundbedürfnisse beschreiben wollte, könnte man eine skurrile Idee aus den 60er Jahren bemühen. Die des Orchideenkäfigs[43]. Menschen, reduziert auf den Konsumenten. Die Schafherde. Abenteuer in 3-D mit taktilem, „wirklichem" körperlichen Erleben gekoppelt. Selbst der sexuelle Kontakt. Und nur noch über Netzwerke miteinander kommunizierend. Des Laufens kaum noch mächtig, weil man sich nicht mehr von der Liegestatt erheben muss, von der aus man „das Leben" genießt. Dass dies nicht nur eine fiktive Welt ist, dürfte offensichtlich sein.

---

[43] Herbert W. Franke, Der Orchideenkäfig, 1963, hier allerdings in dem wirklich skurrilen Bild gipfelnd, dass die kümmerlichen Reste menschlicher Persönlichkeit nur noch als Medulla oblongata, Stammhirn, in technischen Einrichtungen existieren. Pures „Glücklichsein".

Wii von Nintendo, Xbox von Microsoft, Avatare[44] und virtuelle Welten lassen bereits heute sehr überzeugend mit ihren „ersten Schritten" grüßen.

Dahinter steht ein Menschenbild. Das muss man erkennen, betrachten: und sich entscheiden. Abstinenz von Gefahr und Verantwortung. In der Spielwelt darf man sein, was man will, und tun, was verboten[45] ist.

Auch die Überlegungen eines 1.000-Euro-Grundeinkommens[46] oder die zu Recht bestehenden sozialen Auffangnetze, die – wenn auch von eher wenigen – zu einer Hartz-IV-

---

[44] Wer wollte ausschließen, dass nach Einparkroutinen, Abstandswarnern für unsere Automobile, Mährobotern u.ä. bald auch der Ersatz(roboter)körper kommen kann und eine Welt wie im Film Surrogates mit Bruce Willis Wirklichkeit werden könnte. Vielleicht nicht zu unseren Lebzeiten, aber auch nicht mehr so weit entfernt.
[45] Noch scheinen es Hackerangriffe zu sein, die bei modernen Spielversionen die Möglichkeit eröffnen, als Avatar den Vergewaltiger zu geben, während der Schlachter und Mörder schon vom Spielanbieter legitimiert ist.
[46] Das soll nun kein Seitenhieb gegen die – auch – von Götz Werner geäußerte Vorstellung über eine gerechte Einkommensverteilung sein; wenn hier auch nicht verhehlt werden soll, dass dieses Modell nicht wirklich überzeugend scheint.

Versorgung ganzer Familiengenerationen erstarkt sind, lassen Schlimmes befürchten.[47]

Man muss selber entscheiden, für wie erstrebenswert man die damit verbundenen Gefühle hält, und für den einen oder anderen mag dies dann auch eine Form von Glücklichsein darstellen. Tauglich für die Gesellschaft als leitende Wertvorstellung ist es aber wohl eher nicht.

Suchen Menschen nicht nur nach dem Glücksgefühl, sondern nach dem geglückten und gelungenen Leben, und empfinden sie ein Glücksgefühl allein als nicht ausreichend, um ihr Leben als glücklich zu bezeichnen? Hat auch das etwas mit Gier zu tun?

Für den einen mag „Leben an sich" ausreichend sein. Vergnügen, Belustigung, ausreichendes Auskommen und viel Spaß. Eine Spaßgesellschaft. Panem et circenses. Und in diesem Fall reicht ihm auch vielleicht eine eher unbestimmte, sich immer wieder neu justierende Zufriedenheit in bestimmten Situationen. Eine Reflexion über das eigene Sein ist gar nicht gewünscht, die Hilfestellung durch Drittregeln gesellschaftli-

---

[47] Buschkowsky, Neukölln ist überall, spricht von solchen Fällen; aber zu Recht muss man auch konstatieren, dass es sich dabei nicht um die Masse von Fällen, sondern um Einzelfälle handelt.

cher oder vornehmlich religiöser, ethischer Natur ersetzt die Introspektion und die anstrengende Suche nach den eigenen Werten. Diese Gruppe von Menschen bestimmt aber auch die Gesellschaft nicht als Taktgeber. Sie gleicht eher der Herde, vornehmer der Masse. Aber bleiben wir bei „der Herde". Auch die katholische Kirche spricht Klartext, wenn sie von „den Schäfchen" spricht. Eigenartig, dass sich kaum jemand darüber mokiert. Für eine Vielzahl der Mitglieder einer Herde ist bereits die Bemühung um das tägliche Einerlei und tägliche Probleme eine ausreichende Belastung. Für sie kommt eine Beschäftigung mit den großen Krisen in der Gesellschaft, selbst mit vielen strategischen Fragen ihres eigenen Lebens, nicht in Frage. Sie vertrauen – und sollten das eigentlich auch tun dürfen – auf die Instanzen, die sie aktiv oder durch Nicht-Beteiligung[48] gewählt haben. Ihre Werte liegen woanders, konsumorientiert, aber auch manchmal wirklich nur mit dem Kampf ums tägliche Bestehen beschäftigt.

---

[48] Einmal mehr und eingängig erkennbar an einer Wahlbeteiligung in den Landeswahlen Thüringen 2014 mit einer Wahlbeteiligung von knapp über 50 %, d. h., die Mehrheit stützt sich auf ein aktives Wahlvotum von nur rund 25 % der Bevölkerung; was nicht ausschließt, dass weitere 25 % oder mehr mit dieser Wahl einverstanden sind. Auch wenn es nach Wiederholung klingt: eine Frage der Perspektive.

Wenn man nach eigenen Werten sucht, die die Entscheidungen befördern können, muss man diese Ausgangslage berücksichtigen. Sich selber verorten und seine Positionierung in der Gesellschaft aktuell und zukünftig betrachten.

Um zwischen richtig(er)en und falschen Entscheidungen in einer modernen Welt zu differenzieren, sind (ich spreche aus meiner Erfahrung von einer Werteinflation, allgemein spricht man aber auch vom Werteverfall oder dem gesamten Wegfall von Werten) die bekannten Wertvorgaben nicht ohne Weiteres geeignet, insbesondere, weil sie pauschal über die gesamte Gesellschaft Vorgaben treffen wollen, die Situation des Einzelnen aber nicht berücksichtigen[49]. Wer kaum seine Miete bezahlen kann, bewertet den sicheren Arbeitsplatz anders als der vermögende Pensionär, den eher die Auswirkungen einer Krise in der Ukraine auf seine Geldanlagen beschäftigen. Richtig?

---

[49] V. Hayek – Der Weg zur Knechtschaft, 1944 – spricht hier für die Entwicklung von wirtschaftlichen Entscheidungsstrukturen (trotz oder gerade wegen der Erkenntnisse aus der Kriegs(plan)wirtschaft) von der fehlenden Eignung weniger, die Fragen aller oder vieler zu beantworten. Warum sollte dieser kapitalistische Ansatz für die Wertefindung anders sein.

Oft stellen solche Wertvorgaben bei einer Abstimmung mit den eigenen Zielen und Werten keine Übereinstimmung her. Darin liegt dann häufig genug die Disparität zum eigenen Glück und Glücklichsein. Man erhält Vorgaben, die man bei näherer Betrachtung nicht teilt.

Die katholische Kirche verurteilte erst jüngst die Homosexualität, konzediert aber, dass es Menschen dieser Disposition gibt. Nur dürfen diese – nach der Auffassung der Kurie[50] – diese Neigung nicht leben. Was macht man mit dem Familienmitglied, das genau das tut, wenn man ansonsten die Werte christlicher Religion für zutreffend erkennen will? Dem christlichen Glauben abschwören?

Man ist jeden Tag mit derartigen Wertewidersprüchen beschäftigt und daneben muss man auch noch das Leben gestalten. Die Philosophie bezahlt nicht das Brot und schlichtet nicht den Streit zwischen Freunden, Familien und Gesellschaften. Sie bietet nur Anleitung, wie man die Kriterien findet, wichtige Fragen zu entscheiden.

Glücklich zu leben scheint ein natürliches, dem Wesen des Menschen innewohnendes Streben

---

[50] Die Meinung von Papst Franziskus scheint hier durchaus nicht identisch zu sein, wenn man seine Äußerung zu Grunde legt, dass es ihm nicht anstehe, darüber zu urteilen.

zu sein. Das schließt nicht die Phasen des Unglücklichseins aus. Vielleicht erkennt man auch erst dadurch, was Glücklichsein bedeutet. Vielleicht muss das auch so sein, weil Leben oxymoronisch[51], ein Widerspruch in sich selber, ist.

Leben ist Suchen und das Problem ist das Suchen nach dem Glück. Wie nun findet man es?

---

[51] Oxymoronisch = ein Widerspruch in sich selber, der bittersüße Schmerz, die schreiende Stille.

Hauptsache Status

MASERATI, BRIONI, WINDSOR, MAXMARA, LA PERLA, BLANCPAIN, BUDAPESTER, PRADA UND DER URLAUB AUF DEN MALEDIVEN EIN MUSS? ODER HÜTE DICH VOR DEMASKIERUNG.

Statussymbole dienen in Gesellschaften dazu, die Kommunikation zwischen Mitgliedern zu koordinieren; in den Augen vieler erleichtern sie die Definition der gesellschaftlichen Stellung. Ob damit aber ein Wert für den Einzelnen oder die Gesellschaft an sich verbunden ist? Statuszeichen sind äußere Anzeichen, manchmal Ritualen ähnlich. Wenn der Einzelne die hinter dem Status stehenden Vorstellungen lebenswert findet und lebt, ist gegen das Symbol nichts einzuwenden. Mag es für ihn einen abgeleiteten Wert oder eine Essenz darstellen. Solche Symbole stehen dann auch für die Bedeutung der Person in der Gesellschaft, seine (behauptete oder tatsächlich vorhandene) Funktion, seine Lebenseinstellung. Sie erleichtern für andere in der Gesellschaft die Identifizierung der Stellung der jeweiligen Person in der Gesellschaft. Ein praktischer Aspekt.

Schwierig wird es, wenn die aus dem Statussignal entspringenden Signale mit dem realen Leben der Statusträger nicht identisch sind.

Das Signal einer Promotion liegt darin, dass man annimmt, der Promovierte sei zur wissenschaftlichen Arbeit befähigt. Es verpufft, wenn die Arbeit fremderstellt und vielleicht sogar erschlichen ist und darüber hinaus die Fähigkeiten des Promovierenden[52] im Gespräch über das Promotionsthema noch nicht einmal erkennbar werden.

Und doch gibt es auch hier Unterschiede.

Änderten sich die Einstellungen zur Zitation in den Jahren und wirft man 30 Jahre später einer erfolgreichen Promovierten die „unlautere" Inanspruchnahme ohne Nachweis der „wahren" Urheber vor, ist das anders zu beurteilen als der Promovierte, der den wissenschaftlichen Dienst der Bundesregierung nutzt, um sich die Arbeit einfacher zu machen. Auch eine Frage der Perspektive, der objektiven Wahrheit und der Toleranz[53].

---

[52] Zu Guttenberg mag seine Arbeit verstanden haben, aber er behauptet eben auch, sie ausschließlich selber geschrieben zu haben, und dass er dazu die Expertise des wissenschaftlichen Dienstes des Bundestages verwendete, ist ein Zeichen falscher Werte hinsichtlich des Umgangs mit öffentlichem Eigentum.

[53] Dies muss man wohl der ehemaligen BM Schavan zugestehen, die ihre wissenschaftlichen Leistungen und ihre

Wenn man zum Ausdruck bringt, dass man eigenen Fleiß eingesetzt hat, ist das positiv. Sich der Faulheit und Anmaßung verdächtig zu machen, schließt eine positive Betrachtung aus Sicht der Gesellschaft und anderer, die sich redlich bemüht haben, um zu einem Arbeitsergebnis zu kommen, aus.

In einer Welt, in der der Titel, nur das Symbol, zählt, kann es eine lässliche Sünde sein. In einer Welt, in der Authentizität und Originalität als Werte begriffen werden, eine Unmöglichkeit. Der Wert, der dahinter steht: die Ehrlichkeit.

Wenn solche Titulatur zu einer beruflichen Position verhilft und zur – auch vielleicht gesellschaftlich wertvollen – Stellung und zu guten Entscheidungen und Lösungen, ist das immer noch sehr ambivalent. Der Zweck heiligt die Mittel?

Was ist davon zu halten, wenn die Zuordnung zu einer militärischen Spezialeinheit, wie den US-Marines, die Bedeutung des Einzelnen in einer mit mannhaften Werten unterlegten Weltsicht erhöhen soll? Eine Erhöhung, bei der man sich im Besonderen der Uniform solcher Elitekämpfer

---

Eignung wohl unter Beweis gestellt hatte, aber die Kritik an der Arbeit nicht ausräumen konnte.

bedient, um in markigen Sprüchen das Ende eines Terrorkampfes (mission completed[54]) gegen den Irak mitzuteilen. In einem Konflikt, der mitnichten von Idealen und zur Verteidigung der Demokratie getragen war, sondern den vermeintlichen oder wirklichen Versorgungsinteressen eines Landes diente. Einem Konflikt, der mit einer Lüge an die Weltöffentlichkeit über die Existenz bestimmter Waffen[55] begann und noch heute zumindest jeden Vielflieger mit seinen Folgen beschäftigt. Mal mehr, mal weniger, je nachdem, wie er die Observanz und „Nacktmachung" empfindet[56].

---

[54] G. W. Busch jun., als er das Ende des Irakkrieges auf einem Flugzeugträger der amerikanischen Armee in einem Kampfanzug mitteilte, obwohl er selber niemals der kämpfenden Truppe angehört hat, wegen seines Alkoholgenusses in die Verwaltung abgeschoben worden war, gehört zu den Peinlichkeiten solcher Statusnutzungen.

[55] Dem nicht nur Kombattanten zum Opfer fielen, sondern 2005 auch die eigenen Mitarbeiter, wie die CIA-Agentin Valerie Plame, die Ehefrau des ehemaligen Botschafters Joseph Wilson.

[56] Hinzu kommt, dass das faktisch eingesetzte neue Regime im Irak einen nicht unerheblichen Anteil an der Erstarkung solcher Gruppierungen wie dem ISLAMISCHEN STAAT trägt und auch das Engagement in Afghanistan (Unterstützung der Taliban durch Wilson im Auftrag des Kongresses) und die Einmischung im ehemaligen Persien (Inthronisierung des Schahs von Persien, die schlussendlich in der Herrschaft der Mullahs mündete) keinesfalls als erfolgreiche Einmischung betrachtet werden können. Eher ein später Fluch der eigenen Tat. Im Detail betrachtet ein Beispiel dafür, dass falsche

Ein Verstoß gegen den Grundwert der Ehrlichkeit.

Selbstverständlich findet man Status-Mimikry in vielen Unternehmen. Mitarbeiter, die durch Protektion, Zufälle, gut konstruierte Eigenbiographien in Positionen gekommen sind. Und in diesen Stellungen offensichtlich nicht geeignet sind, sich dort aber auf Grund des Status halten.[57]

Betrachtet man den Status als Wert? Status eine Essenz, die es wert wäre, unser Leben zu bestimmen? Eher nicht.

Wertvorstellungen zu falschen Folgerungen führen und damit zu falschen Ergebnissen.

[57] In der BASF gab es vor Jahren eine nette Anekdote zu diesem Thema: Ein Angestellter bezog eines der Werkshäuser und äußerte sich im Unternehmen gesprächsweise darüber, dass er ein schwarzes Badezimmer hätte. Verwunderung bei seinen Chefs, Tuscheln und kurze Zeit danach die Anweisung, zum Vorstand zu kommen. Verwundert stellt sich der Mitarbeiter dort ein und erfuhr überrascht, dass er – auf Grund eines Versehens – eine Zuweisung einer Werkwohnung für Abteilungsleiter erhalten hatte. Da keine andere Werkwohnung für den Mitarbeiter bereit war, natürlich ein normaler Mitarbeiter nicht in der Wohnung eines Abteilungsleiters wohnen konnte, blieb nur eins: Der Mitarbeiter wurde zum Abteilungsleiter ernannt. Status und Position waren wieder im Einklang. Zu hoffen war, dass der Mitarbeiter auch die Fähigkeiten eines Abteilungsleiters hatte.

Das Risiko, einen Status, ein Symbol, als Ausdruck eines Wertes zu betrachten, resultiert darüber hinaus aus der Tatsache, dass es von dritter Seite („der Gesellschaft") aufoktroyiert wird. Ohne dass es der eigenen Lebenseinstellung entsprechen muss. Und zur Erfüllung des Anspruches Dritter, die man vielleicht noch nicht einmal persönlich kennt, lebt man eine Vorgabe. Eine Vorgabe, die auch im Widerspruch zur eigenen Verfasstheit stehen mag (man braucht kein Handy, kein Ferienhaus, kein morgendliches Jogging) und damit nicht das Glücklichsein fördert, sondern das Unglücklichsein. Besonders fatal, wenn es dem Einzelnen auch noch am Reichtum oder der Gesundheit mangelt, um das zu leben.

Den Urlaub auf den Malediven sollte man genießen, wenn er eine Bereicherung im Persönlichen ist, den Porsche oder Maserati mag man dem gönnen (das ist übrigens meiner Meinung nach ein Wert, „Gönnen können"), der für die Technik und das Fahrgefühl die entsprechende Leidenschaft hat. Aber diejenigen, die sich solcher Symbole bedienen, weil sie Reichtum, Macht, Dynamik oder was auch immer bedeuten, sollten sich davon fernhalten. Fernhalten, damit das Statussignal ehrlich ausdrückt, was es sein kann: eine Leidenschaft für eine Sache. Und darüber hinaus eine höhere eigene Zufriedenheit mit seinen Lebensentscheidungen vermittelt. Nicht, um andere zu beeindrucken, sondern wegen der eigenen Befriedigung, ohne darauf zu reflektieren, was andere denken mögen.

Provokativ könnte man aber auch sagen: Auch die anderen (die reinen Statusprotagonisten) sind nicht unbedingt ausgeschlossen. Wenn Sie die Werte-Mimikry offen kommunizieren, ist das eine Lebenseinstellung. Für die Einzelnen ein Wert an sich, aber sie können nicht demaskiert werden. Die Offenheit schützt sie. Was sie aber nur aushalten, wenn sie, in sich stark, zu ihrer eigenen Überzeugung, ihren eigenen Werten stehen.

Und dann benötigen sie gerade das nicht.

Hauptsache Erfolg
WAS MACHT ERFOLG SO INTERESSANT UND WER BESTIMMT EIGENTLICH, OB ES EIN ERFOLG IST?

Erfolg nimmt man landläufig an, wenn man eine Zielvorstellung allein oder zusammen mit anderen erreicht hat. Sportliche Leistungen vollbracht hat, Unternehmensergebnisse, deren Umsetzung man sich vorgenommen hat, verwirklichen konnte. Es kann erfolgreich sein, wenn man ganz persönliche Lebensziele anstrebt und ihr Erreichen konstatieren kann. Konkret kann das in einer Karriereposition liegen, aber genauso im Schreiben einer Familiengeschichte oder dem Erlernen meditativer Technik zur spirituellen Bereicherung. Oder den größten Deal seiner Branche abzuschließen – mit oder ohne die Gedanken an üppige Provisionen.

Die Finanzkrise hat gezeigt, dass die erfolgreiche Platzierung undurchschaubarer Finanzprodukte[58] die Zielerreichung einiger weniger sein kann und für eine Vielzahl anderer Personen ein Misserfolg; für andere nur die Ursache vielfältiger Benachteiligungen. Vom Effekt fehlender Anlage-

---

[58] Vgl. zum Bild großer Investmentgesellschaften wie Goldman Sachs, Greg Smith, Goldman Sachs, 2012 – das man natürlich auch mit dem Risiko überdehnter Selbstdarstellung des Autors lesen muss.

zinsen, inflationierter Schuldenbereinigung bis zum Vermögensabbau.

In der Suche nach Dingen, die Werte darstellen, scheint mir der Erfolg aber nicht wirklich geeignet. Einerseits hängt er von vielen äußeren Faktoren ab, deren Beeinflussung dem Individuum zu einem nicht geringen Teil entzogen ist, und andererseits ist die Halbwertszeit eines Erfolges häufig gering. Zu gering, um daran wesentliche Lebensentscheidungen auszurichten.

Lebensentscheidungen sollten auf Stärkerem gründen als dem punktuellen Gefühl eines erreichten Zieles.

Das gilt umso mehr, als Erfolge häufig von persönlichen Eitelkeiten getrieben sind[59] und hinsichtlich der Beurteilung über ihre Berechtigung eine große Beurteilungsbandbreite umfassen. Was für den einen den Erfolg darstellt, den er herausstreichen würde, hat für den anderen – berechtigt oder unberechtigt – keine Bedeutung.

Erfolg vermittelt also mehr ein gutes Gefühl als eine Werterfüllung, die meine Entscheidungen beeinflussen sollte. Sofern man nicht Glücklichsein als Erfolgsziel betreibt, liegt im Erfolg

---

[59] Und davor sind auch glückliche Menschen nicht gefeit.

keine Maxime einer strategischen Lebensausrichtung. Noch viel weniger eine Essenz.

Das gelungene und das geglückte Leben
WAS BRAUCHT MAN ZUM GLÜCKLICHEN LEBEN?

Was braucht man zum glücklichen Leben? Man möchte fast sagen: von allem etwas. Möglichst gesund; ein bisschen reich wäre auch nicht schlecht. Menschen, mit denen man als soziales Wesen interagieren kann. Menschen, die sich Verständnis entgegenbringen, Liebe und Zuneigung entwickeln. Je nach eigener Verfasstheit kann eine Vielzahl anderer Momente hinzutreten.

Für denjenigen, dem Ehrgeiz innewohnt, der äußerlich sichtbaren Erfolg bevorzugt, sollen die Insignien solcher Lebensgestaltung für andere vielleicht erkennbar werden, Statussymbole vorhanden sein, mit denen er offen oder auch verdeckt umgehen kann. Für Menschen, denen besondere Merkmale wichtig sind, kommt auch Dingen Bedeutung zu, die andere nicht zur Kenntnis nehmen. Vielleicht sogar ablehnen.

Der spirituelle Mensch wird nach der religiösen Erfüllung suchen, nymphomane Menschen, Masochisten oder auch Sadisten werden nach Menschen suchen, die sich gerne in der zugehörigen

Form hingeben[60], und – eventuell – werden beide eine Erfüllung finden.

Für den einen oder anderen mag diese geglückte Lebensgestaltung eine Situation schaffen, die ihm dem Glücklichsein näherbringt. Und alles muss sich im gesellschaftlichen Raum einfinden. Mehrheitlich gebildete Überzeugungen respektieren können, kulturelle Differenzierungen möglichst erlauben und die Nischen parallelen Lebens nicht geschlossen, sondern durchlässig, aber nicht konfrontativ, gestalten. Eine Mammutaufgabe. Glücklich leben, sein Auskommen haben, muss nicht einhergehen mit Glücklichsein.

Denn die Frage nach den glücklichen Lebensumständen löst nicht unsere wichtigste Frage nach den richtigen Werten, den Werten als Entscheidungshilfe in Lebens- und Krisenfragen. Leitplanken, die unsere Lebensgestaltung als freie Entfaltung unserer eigenen Persönlichkeit ermöglichen, und wie dieses Leben unser Glücklichsein befördert und unterstützt.

Wirtschaftlich könnte man sagen: Die operativen Aspekte sind klar, aber damit ist die Frage nach den strategischen Optionen, den strategischen

---

[60] Wir wollen unterstellen, dass das alles freiwillig erfolgt.

Geschäftsfeldern und den Entscheidungskriterien für die Ausrichtung in einer operativen Welt nicht beantwortet. Für die Lebensfragen nach dem Glücklichsein gilt nichts anderes. Wo liegen diese strategischen Lebenswerte?

Und wo soll man die Antwort suchen?

Ich habe es schon mehrfach angesprochen: Nach meiner Überzeugung kann man diese Werte zuerst und vor allem in sich selber finden. Und sie zu finden ist Arbeit. Arbeit im Sinne einer, manchmal sehr mühevollen, Selbstbetrachtung und Spiegelung und Prüfung seiner gefundenen Ergebnisse an und in seinem Umfeld. Eine Suche nach den eigenen, inneren Werten.

Gerade weil Leben ein dynamischer Prozess ist, ist die Suche auch wohl nie abgeschlossen, aber sie wird erleichtert, wenn man die vielen Vorstellungen, die wir für Werte halten können, sichtet und einordnet. Werte findet, die wir auf wenige Grundwerte, Essenzen, zurückführen können und sollten.

Auf der Suche nach den persönlichen Essenzen wird man feststellen, dass der Kanon der Regeln und Werte sehr persönlich ist und doch Ähnlichkeiten mit dem Wertekanon Dritter aufweist. Hier macht sich bemerkbar, wenn man aus einem ähnlichen oder gleichen Kulturkreis stammt, dessen Denken uns geprägt hat (und von dem man, wenn man will, abstrahieren und seinen eigenen Weg finden kann). Hier kann man auch den Grad der empfundenen, eigenen Erfüllung verorten und sich bewusst machen, inwieweit das mit eigenen Leitlinien übereinstimmt. Die Stoiker würden das als die Suche nach der inneren Bestimmung bezeichnen und beim Verwirklichen dieser Grundsätze im tatsächlichen Leben davon ausgehen, dass der Mensch, der diese innere Bestimmung lebt, seine Eudaimonia – sein Glück – erreicht. Ob der Stoizismus in Allem oder einer seiner vielen Spielarten der richtige Leitfaden für die Suche ist oder man sich ähnlicher Gedanken des Buddhismus oder anderer philosophischer Überlegungen bedient, spielt nicht wirklich eine Rolle.

Ohne den drei großen abendländischen Religionen zu nahe treten zu wollen, muss an dieser Stelle aber gesagt werden, dass es schwirig ist, mit einem Modell, das die Unterordnung verlangt, eine Selbsterforschung und eine Definition der eigenen Werte und Ziele vorzunehmen[61].

---

[61] Natürlich gilt diese Kritik auch in Bezug auf andere, so auch auf die Stoa, die ja mit dem LOGOS als allwaltende, der Welt innewohnende Verfasstheit eine Struktur liefert, über die der Mensch bei aller Kontemplation und Meditati-

Auch das lutherische Bild des – relativ – freien Menschen ist dafür ein Beleg.[62]

Die bisherigen Überlegungen dürften jedenfalls gezeigt haben, dass die Bestimmung des Wertes in erster Linie aus uns selbst heraus erfolgen muss, damit eine Identität zwischen Werten, Zielen und in der Regel – was noch zu zeigen sein wird – geglückter Lebensverwirklichung herbeigeführt werden kann. Und die, nur die, kann zu einem Gefühl eines glücklichen Lebens, zur Eudaimonia, führen. Dass sie gesicherte, lebenskonsequente Lösung von kritischen Situationen anbietet, ist dann eher ein Nebeneffekt.

---

on nicht hinausgehen kann, aber immerhin räumt sie die Freiheit der Erkenntnis ein.

[62] Was auch in seinem auch heute noch lesbaren Traktat über die Kaufleute zum Ausdruck kommt; VON KAUFHANDLUNG UND WUCHER, 1524. Nebenbei interessant: In diesem Traktat verteufelt er – klassisch katholisch – die Zinserhebung, während Calvin immerhin einige Ausnahmen zulässt. Insgesamt erinnert das wohl auch an die Zinsprobleme, die auch heute noch nach der Scharia bestehen. Bei aller Ähnlichkeit muss man aber bedenken, dass Luther kein Freiheitsdenker war, sondern nur ein von der katholischen Kirche abweichender Dogmatiker.

Glücklichsein ist eine Frage des Augenblicks und ein Gefühl von Dauer
UND WIE PERPETUIERT SICH DER AUGENBLICK?

Man mag den Wunsch haben, Glücklichsein als einen sich zeitlich lange erstreckenden Zustand zu betrachten, aber selbst dann muss man erkennen, dass er nicht dauerhaft bleibt. Nicht immer vorhanden sein muss.

Der erfolgreiche Deal, die Beförderung, das gute Prüfungsergebnis oder die erfüllte Liebesnacht. Das Gefühl, ehrlich und maßvoll gehandelt zu haben. Die Realisierung der eigenen Essenzen des Lebens, die hinter den vordergründigen Aspekten und „Werten" stehen können oder sollten.

Sie zerrinnen im Strom der Zeit.

Nur wie perpetuiert man diese glücklichen Momente? Indem man nach ihrer häufigen Wiederholung strebt? Läuft man dann nicht „seinem Glück" hinterher?

Was man tun sollte?

Einerseits muss man sich der Momente des Glücklichseins erinnern. Der Mensch ist in der Lage, auch emotionell Vergangenes wieder aktiv in sein Bewusstsein zu holen. Oft erfolgt das –

bei Angstvorstellungen – mit sehr negativen Erlebnissen, aber man kann das auch für positive Ereignisse bewusst herbeiführen. Allerdings erinnert das an einen guten Film, den man wieder und wieder abspielt. Der glückliche Moment des ersten Sehens ist nicht mit dem wiederholten Betrachten gleichzusetzen. Der Film kann weitere Momente gewähren, aber eben andere, nicht identische. Und das bewusste Wiedererleben, wenn wir mal die Hypnose außen vor lassen, hat damit eine andere Qualität. Was bedeutet das für die Frage des Glücklichseins?

Glücklichsein verlangt bereits zum Zeitpunkt des Geschehens eine besondere Sensibilität bei der Beobachtung. Eine Achtsamkeit. Das schließt den puren, nicht reflektierten Genuss nicht aus. Tritt aber neben ihn. Die Hauptsache ist das bedachtsame, bedenkende Betrachten. Man sollte sein eigener Zuschauer werden. Das geht. Denken Sie an die Momente melancholischen Erinnerns, die basieren auf dem gleichen Aspekt.

Und das erlaubt die wiederholende Beschäftigung im Nachhinein, ohne dass man damit das Original reproduziert. Man betrachtet es neuerlich, aus einer weiteren Perspektive. Und was betrachtet man? Leben. Schmerzhaftes, liebevolles, spannendes, beschämendes, zerrinnendes oder entstehendes Leben. Nicht nur einen Zustand von Erfolg, die Situation der erfolgreichen Prüfung, eines Lobes oder die Gesundung von einer Krankheit oder nur ihre Verbesserung, sondern das Leben selber.

An jedem Tag kann es eine Vielzahl von, des Betrachtens werten, Momenten geben, die sich über den Strom des täglichen Lebens erheben, die es wert sind, den Kopf über den Strom zu heben und sie zu erfassen. Wenn man den Kopf aus dem Tagesstrom erheben will, ist das eine Anstrengung[63], die man nicht unbedingt häufig und am besten mit Bedachtsamkeit vornehmen muss. Eine Aktivität, die Leben bewusst macht. Leben als Wert an sich. Dies ist die Basis für die Erarbeitung eigener Essenzen oder Grundwerte, aus denen sich weitere Ableitungen, Werte und Befindlichkeiten, die die täglichen Fragestellungen des Lebens gestalten, ergeben.

Wenn man den Sonnenaufgang an einem kühlen Sommermorgen auf der Terrasse erlebt, das

---

[63] Wer einmal in einem Viererbob (in dem kann man auch als Ungeübter mitfahren, begleitet von zwei Profis) im Eiskanal versucht hat, seinen Kopf über die Höhe des Schlittens zu heben und einen Blick nach vorne zu werfen, oder im Meer schwimmend Auftriebskräfte bemühte und dennoch kaum über den Wellenkamm hinaussehen konnte, weiß, von was hier die Rede ist; und in dieser Situation auch noch achtsam zu sein, verlangt kein geringeres Bemühen.

Prickeln der Haut bemerkt, den Strom der kühlen Luft zur Kenntnis nimmt, den Boden unter den nackten Füßen spürt und das Erwachen der Natur entdeckt, ist man – wenn man es zulässt – „bei sich" und könnte bereits deshalb einen Moment des Glücklichseins erleben. Und wenn man sich eine Vielzahl solcher Momente in Erinnerung ruft, konserviert durch die Achtsamkeit und die Erinnerung, kann man aus dem Glücklichsein im Augenblick eine innere Versenkung erspüren. Damit überführt man den Moment des glücklichen Gefühls in einen Zustand von Dauer. Dann ist man nahe am oder im Glücklichsein. Die Gewissheit des Erlebenkönnens bestärkt die eigene Person und schärft den Blick für künftiges Glücklichsein. Sie verschafft, richtig betrachtet und angewandt, die innere Ruhe. Eine Ruhe, die nicht das hastende Warten unterstützt, sondern zurückgenommenes Betrachten der kommenden Ereignisse. Hier hilft die Abwesenheit von Gier oder Neid, bei sich selber zu bleiben. Offenbart sich der Unterschied von getrieben werden und selber betreiben.[64]

---

[64] Wem das zu spirituell oder zu meditativ ist, sei angeraten, diese Art des Innehaltens zu probieren. Zwei-, dreimal am Tag den Atem anzuhalten (das ist jetzt tatsächlich physisch gemeint, weil es für den Anfänger einfacher ist, sich dem Gedanken zu widmen, wenn er einen solchen körperlichen Anhalt hat) und für eine kurze oder lange „Sekunde"

Wenn die Wahrnehmung des Lebens und die Verwirklichung der eigenen Werte, besser Essenzen, im eigenen Leben ein Gefühl des Glücklichseins vermitteln, hat man immer noch nicht geklärt, wie man diesen Kanon der Werte für sich selber bestimmt. Die bisherigen Ausführungen sollten gezeigt haben, dass vordergründige Aspekte und Befindlichkeiten nicht ausreichen sollten, einen Aspekt als Essenz für das eigene Leben anzunehmen oder daraus abgeleitete Werte, bei deren Verwirklichung man davon ausgeht, dass ein Gefühl der Erfüllung, des Glücklichseins, entsteht.

Und das führt uns zurück zur Frage nach dem persönlichen Wertekanon, aber auch zu dem Aspekt der Kardinalwerte und dem Begriff der Tugend.

---

das zu betrachten, was man gerade tut oder tun wird, sich selber zu sehen, wo man gerade steht oder sitzt und was um einen herum pulsiert. Innehalten gegen den Strom. Man kann das auch ohne Erstickungsnot betreiben, wenn man seinen Atem gleichmäßig fließen lässt. Aber die Sekundenbetrachtung ist ein guter erster Schritt um festzustellen, ob man sich darauf einlassen kann.

Tugend
BRAUCHT MAN EINEN KANON VON TUGENDEN ODER EINZELNER WERTE?

Wenn es die Aufgabe ist, in sich selber zu suchen, schließt das nicht aus, dass man seinen Blick auf andere richtet, die sich zum Thema schon geäußert haben.

Um einen Seitenblick in die Wirtschaft zu tun: In der Arbeitsvorbereitung nennt man dieses „Werfen eines Blickes" Wertanalyse. Diese ist für die eigene Wissensbeschaffung eine durchaus erfolgreiche Technik. In der Philosophie ist das Studium der Klassiker ein ebenso probates Mittel.

Die Philosophie denkt seit mehr als 5.000 Jahren[65] über die Fragen des Lebens und seiner Gestaltung für den Einzelnen und für die Gesellschaft nach. Für Diktatoren, Demokraten, Autokraten oder Faschisten, aber auch für den „einfachen" Jedermann/die „einfache" Jedefrau. Und wahrscheinlich hat schon der Cro-Magnon

---

[65] Schon die Sumerer beschäftigten sich nicht nur mit der Verwaltung ihrer Getreideaufkommen – worüber uns eine Vielzahl von Tonscherben vorliegt –, sondern auch der assyrische Codex Hammurabi enthält eine Vielzahl von Feststellungen über – hier – gemeinschaftliche gesellschaftliche Werte in seiner Rechtsordnung und damit auch philosophische Werte.

vor 30.000 Jahren, als er seine Höhlenbilder anbrachte, über solche Dinge nachgedacht, sie den Bildern vielleicht zu Grunde gelegt.

Lassen Sie mich in diesem Zusammenhang zu den Stoikern zurückkommen. Im 4. Jhdt. v. Chr. entwickelten sie die Überzeugung der Kardinaltugenden. Tugenden. Mancher mag meinen, dass dem Begriff etwas Altertümliches, machen wir es richtig, *Alterthümliches* anhaftet, auf einen Langweiler verweist. Diese Ansicht weist auf ein grundsätzliches Problem der Wertesystematik.

„man".

Eine andere Instanz bestimmt für uns. Eigentlich sollte der Gang der Ausführungen aufgezeigt haben, dass „man" – also ein Dritter – anleiten kann, aber nur „man selber", nämlich „ich", die Werte definieren kann, die Leitplanken für die eigene Entscheidungsfindung. Die Suche „bei sich selber" kann nicht durch die (insbesondere) blinde Übernahme von Werten Dritter ersetzt werden. Das käme zwar einer Wertanalyse methodisch nahe, aber ihr würde die Umsetzung auf die eigenen Fertigkeiten und die eigenen Ausstattungen fehlen. Oder mit einem anderen Bild ausgedrückt: Man versucht, mit dem Alt-

Saxophon Stücke für Tenor-Saxophon zu spielen. Das wird zumindest in Teilen dissonant.

Tugenden, als Definition besonderer Werte, findet man in der philosophischen Betrachtung vor allem als Anleitung für ein Verhalten des Einzelnen als Mitglied der Gesellschaft.

Tugenden taugen als persönlicher Leitfaden für das eigene Leben. Sie sollen – auch – für die Gesellschaft wertvoll sein. Dagegen ist nichts einzuwenden. Vorausgesetzt, der Einzelne macht sie zu seinen eigenen Werten und spiegelt diese in die Gesellschaft.

Zurück zum eigentlichen Begriff der Tugenden. In der Entwicklung haben sich vier Kardinaltugenden herausgebildet. Begrifflichkeiten, die man gegebenenfalls in der Zeit verorten und auf moderne Interpretationen transponieren muss.

In der gängigen Formulierung handelt es sich dabei um Gerechtigkeit, Weisheit oder Klugheit, Tapferkeit oder auch Mut, Intuition oder Maßhalten/Besonnenheit, vielleicht besser Bescheidenheit[66].

---

[66] Sie tauchen 467 v. Chr. in dem Stück SIEBEN GEGEN THEBEN von Aischylos auf, verständig (sóphron), gerecht (díkaios), fromm (eusebés) und tapfer (agathós) – Vers 610. Immanu-

Für den hier vertretenen Ansatz sind die Einzelheit und deren Gewichtung tatsächlich nicht von Bedeutung. Der Einzelne muss seine Werte selber finden und für sich selber entscheiden; die Tugenden, wie man sie allgemein diskutiert, sind nur eine Vorlage für die Festlegung der eigenen Positionen. Insofern ist es auch nur von geringem Gewicht, ob die christlichen Tugenden des Glaubens, Hoffens und des Liebens zum Kanon gehören oder nicht.

Würde man sie separat auf ihre Eignung, dem Einzelnen als Leitplanke zu dienen, untersuchen, müsste man in erster Linie feststellen, dass sie einem anderen Denkansatz zu entstammen scheinen. Glaube und Hoffnung weisen vom Individuum weg auf etwas Jenseitiges, nicht vom Einzelnen Beherrschbares, ohne dass der Grund offensichtlich scheint. Spirituelle Menschen werden das vielleicht anders sehen, freiheits- und selbstentscheidungsliebende Menschen so wie hier dargestellt. Vielleicht hat die Bezeich-

---

el Kant fordert dagegen nur eine Primärtugend, den guten Willen. Für Kant gilt: „Es ist überall nichts in der Welt, ja überhaupt auch außer derselben zu denken möglich, was ohne Einschränkung für gut könnte gehalten werden, als allein ein guter Wille." Fehle dieser, können alle anderen Tugenden „auch äußerst böse und schädlich werden". So in der GRUNDLEGUNG ZUR METAPHYSIK der Sitten. Konfuzius bildet dagegen 5 Tugenden: Menschlichkeit, rechtes Handeln, Sitten, Wissen und Wahrhaftigkeit.

nung von Glaube und Hoffnung als christliche Tugenden insoweit auch mit einer Kompensation zu tun. Der Kompensation einer Furcht, die den einen oder anderen befallen mag bei der Frage nach dem letzten Grund für das Leben, dem Metaphysischen. Und das auszuhalten sich einfacher gestaltet, wenn man die Antwort anderen übertragen kann.

Andererseits mag auch der Wunsch der Kirche als Machtinstitution hinter dem Postulat dieser Werte als Tugenden stehen. Durch Ergreifen des Rechtes auf Auslegung eines Verhaltenskodex, der nicht am Wertemodell des Einzelnen, sondern nur einer lehrhaft entscheidenden Gruppe festgemacht wird. Gerade das erhält die Institution und deren Macht[67]. Wenn man Glück hat im Kant'schen Sinne. Machtausübung als Ausübung des „Guten Willens" und zum Wohle der Gemeinschaft.

Für den Einzelnen bedeutet das Zurückgreifen auf allgemein gefundene Wertvorgaben, dass er diese mit sich selber in Einklang bringen muss. Greift er auf allgemein anerkannte Tugenden

---

[67] Hier spielt das Dogma der Unfehlbarkeit des Papstes mit herein. Was mit entscheidenden Auswirkungen auf das Leben und die Werteanwendung des Einzelnen einhergeht. Z.B. bei der Enzyklika Humanae Vitae oder der schon kolportierten Einstellung zur Homosexualität.

zurück, so wird er in der Durchsetzung seiner Vorstellung, wenn er sich daran orientiert, weniger Friktionen erfahren, weil dieses Verhalten als allgemeingültig anerkannt wird. Bricht er mit ihnen, wird das gesellschaftliche Leben, das Leben in der Gruppe schwerer.

Im Extremen ist es nicht ausgeschlossen, dass ein Einzelner seine eigenen Werte konträr zu allen Werten der ihn umgebenden Gesellschaft definiert und für richtig empfindet.

Andererseits ist eine Beschränkung auf die in der Welt übereinstimmend als wichtig empfundenen Wertvorgaben und Tugenden zumindest zum Teil notwendig und zum Teil sinnvoll. Natürlich steht es dem Einzelnen frei, Dinge für wichtig zu halten, denen nur wenige andere eine Bedeutung beimessen. Mag es sich um die Pünktlichkeit handeln, den jungfräulichen Eheschluss oder die Aufopferung für Menschen, Familien oder den Staat. Wenn der Einzelne seine Essenz des Lebens darin findet, sollte er es bewusst festschreiben und zur Leitlinie seiner Lebensgestaltung machen. Und Kompromisse einplanen.

Abweichung zu den Normen der Gesellschaft muss er dann in der gesellschaftlichen Gruppierung explorieren und gestalten.

Tugend in der Krise
IST DIE TUGEND IN DER KRISE, DANN HILFT AUCH DER KRISE KEINE TUGEND.

Anders formuliert: Die heutigen gesellschaftlichen Strukturen sind auch, wenn auch nicht ausschließlich, durch die Globalisierung, neue Techniken, soziale Kommunikationsverfahren und die Überforderung von politischen Strukturen angegriffen. Die Vermengung von kulturellen Ereignissen, das Einbetten verschiedener sozialer Lebens- und Empfindungskreise, früher weit entfernt und heute unmittelbar am eigenen Ort erlebbar, verlangt eine hohe Akzeptanz gegenüber anderen Lebensmodellen. Es verlangt die Erarbeitung einer Methode, sich dem „Fremden" und „Ungewohnten" respektvoll zu nähern und gemeinsame Lebenswege zu gestalten oder diese zumindest anzunähern. Um das zu leisten, braucht man Klugheit, ein Gefühl für Gerechtigkeit und eine Vorstellung vom richtigen Maß, wie man miteinander umgeht, aufeinander eingeht und trotzdem den Abstand hält, der dem Einzelnen eine sinnvolle Koexistenz ermöglicht. Man könnte versucht sein, an die Fabel von den Stachelschweinen zu denken. Die Tiere rückten im kalten Winter zusammen, um sich zu wärmen. Auf Grund ihrer Stacheln waren sie aber gehalten, einen bestimmten Abstand einzuhalten, um sich nicht zu verletzen. Diesen Abstand nannte man die Höflichkeit.[68]

Kultursoziologische Vermischungen hat es immer wieder gegeben und immer haben sie auch erheblichen Einsatz der Beteiligten verlangt, um die gemeinsamen Wege zu finden. In der nahen Vergangenheit kann man das zum Beispiel am Zuzug der – vornehmlich – polnischstämmigen Landarbeiter ins Ruhrgebiet (seit Mitte des 19./Anfang des 20. Jhdt.) ausmachen, der Assimilierung der Flüchtlinge nach dem Zweiten Weltkrieg, den über 1.000.000 Gastarbeitern, die in den 60ern, oder Spätaussiedlern, die seit den 70er Jahren nach Deutschland kamen. Und es war nicht nur ein deutsches Phänomen. Auch England oder Frankreich, auch und gerade die neutrale Schweiz als multikulturelle Nation, kannte und kennt ähnliche Probleme. Dieses Zusammenprallen von Kulturen und unterschiedlichen Werteordnungen löst die oft gefestigt geglaubte Form der Werte auf. Lässt kaum Zeit für eine Anpassung der Gesellschaft und natürlich in erster Linie des Einzelnen.

Die Ehe: eine strafrechtlich geschützte Institution. Der Ehebruch strafbar. Die Ehegattin dem

---

[68] Arthur Schopenhauer, Parerga und Paralipomena – Kleine philosophische Schriften, 1851

Haushaltsvorstand untergeordnet und seinem Diktat gehorchend. Kinder hatten sich angemessen zu verhalten und zu kleiden und die Heirat gegen den Willen der Eltern, eher ungewöhnlich. Was für ein Menschbild und was für eine Wertewelt.

Um einem Irrtum vorzubeugen: Das beschreibt nicht die türkische Enklave oder jüdisch/islamische Tradition, sondern die Realität z.B. im Jahre 1960, bevor die türkischen Gastarbeiter deutschen Boden betraten. Lange bevor man das Klischee als Abschreckung gegenüber einer Volksgruppe entwickelte. 1970 gab es den wesentlichen Teil dieser Gesetze immer noch, aber die Lebenswirklichkeit hatte sich geändert. Und damit die Werte, vielleicht auch die Gestalt der Tugenden. Das geht soweit, dass heute Familiengerichte – sofern es nicht dem Grundgesetz widerspricht – die Scharia bei Rechtsstreitigkeiten muslimischer Glaubensbeteiligter (mit-)anwenden. Auch bei Klärung in polygamen Beziehungen.

Die Werte hatten sich nicht geändert, sie hatten sich nur modifiziert. In der täglichen Behauptung des Einzelnen hatte dieser in seinen Entscheidungen die Werte in seinem Sinne angewandt und positioniert.

Warum scheint es dann heute so, als hätten wir – der Einzelne und die in Deutschland lebende Gesellschaft – einen Verlust der Werte oder zumindest der richtigen Werte zu verzeichnen?

Vielleicht liegt es an der Menge. Wenn man über Werte nachdenkt, kommen viele Aspekte in Frage, die man für wertvoll hält. Insbesondere, wenn man den hier verwendeten individuellen Wertfindungsansatz verfolgt. Aber viel ist nicht gleichzusetzen mit gut. Ein paar tausend Jahre philosophischen Nachdenkens sind schließlich nicht zu ignorieren und was herauskam, bestand aus wenigen Kardinaltugenden. Und das im Okzident genauso wie im Orient. Eine überraschende Übereinstimmung. Die komplexen Lehrgebäude und Dogmen drum herum kamen erst danach.

Warum sollte sich der Einzelne dagegen wenden? Ein Problem liegt vielleicht darin, dass Europa, eben auch Deutschland, ein reiches Land ist. Reich an Vermögen – selbst die Armen sind finanziell gut ausgestattet – und reich an Gestaltungsmöglichkeiten des täglichen Lebens. Das Zuviel ist vielleicht das Problem. Das Angebot ist nicht nur im Täglichen reich, sondern auch in Hinblick auf die Lebensgestaltung. Wertvorgaben sind in einer verwirrenden Vielfalt vorhanden. Es ist nicht schwer, als türkisch-jesidischer Agnostiker in Paris oder Berlin dem Existentialismus zu frönen und sich über die Enteignung des Produktivvermögens zu erklären. Das Schöne hinsichtlich der Selbstgestaltung des eigenen Lebens, materiell und ideell, korrespondiert mit der vertrackten Tatsache, dass es keine Essenzen bildet. Man ist nicht mehr gefordert, seine Einstellung, Überzeugung und erst recht nicht seine Tugenden zu vertreten. Was heute als richtig erkannt wurde, wird morgen ohne Reue über Bord geschmissen. Und es gibt kaum Sanktion. Politiker machen es vor oder, im kolportierten Rahner'schen Brennspiegelbild, nach. Sie leben häufig den Opportunismus und werden dennoch wiedergewählt. Beliebigkeit ist die Krankheit. Viel, beliebig, belanglos. Eine Inflation der Werte und Befindlichkeiten.

Das ist die Krise der Tugenden und Werte.

Und weil die Werte beliebig sind, helfen sie auch nicht in der Bewältigung der Krisen. Wenn sich dauernd die Maßstäbe ändern oder neu tarieren, fehlt der Leitfaden. Tugenden und Werte, die der Einzelne für sich verinnerlicht hat, stellen eine (Selbst-)Führung dar und, in die Gesellschaft projiziert, eine Berechenbarkeit des Einzelnen und seiner Wegrichtung für die anderen in der

Gesellschaft. Für die, denen diese Selbstfindung zu anstrengend ist, die sich erst gar nicht damit beschäftigen wollen, stellt eine solche Führung dann eben auch die wirkliche Führung dar, die geistige, politische und soziale.

Wer in Führungsverantwortung[69] steht, kennt die Schnelligkeit, mit der ein Unternehmen Auflösungserscheinungen zeitigt, wenn die Anlehnung an die Führung verloren geht. Diejenigen, die im operativen Alltag die Vorgaben machen, strategische Ziele definieren und Maßstäbe für Entscheidungen setzen, geben für eine Vielzahl von Menschen eine Anleitung. Und das gilt nicht nur für rein berufliche Ausrichtungen. Denn entgegen landläufigen Meinungen ist berufliches und privates Leben nicht zwingend getrennt.

---

[69] Im Gegensatz zu vielen populären Ansichten über Führung scheint mir das System immer noch atavistisch, der ursprünglichen Evolution nahestehend. Es funktioniert wie ein Rudel. Hierarchisch und trotzdem gruppendynamisch (oder teamorientiert, wie manche meinen) mit einer oder wenigen Leitpersonen. Entfallen diese oder liefern keine Führungsinformation mehr, dann fehlt die Orientierung und die Strukturen ordnen sich neu oder zerfallen.

Achtsamkeit auf das Leben
UND WIE FINDET MAN NUN DIE WERTE, DIE MAN FÜR SICH SELBER ALS LEITLINIE, ALS TUGENDEN, ANNEHMEN WILL?

Viele Wege führen nach Rom. Auch zu sich selber. Während der eine sich an Vorbildern orientiert, Vätern, Müttern oder Mentoren lauscht und deren Gedanken – prüft und –für sich übernimmt, suchen andere mit meditativen Techniken, sportlichen Konzentrationsübungen. Man muss nicht wie Herrigel[70] über 5 Jahre DIE KUNST DES BOGENSCHIESSENS erlernen und sich dem Zen-Buddhismus verschreiben. Man kann. Eine Alternative ist, neben der literarischen Beschäftigung mit dem Thema, die Meditation. Viele Formen des Yogas und allgemein etwas, was man unter Achtsamkeit, Bedachtsamkeit und BeDenken fassen kann. Auf den Begriff kommt es nicht unbedingt an. Beachten, aufmerksam sein, hinter die Dinge sehen und kontemplativ – seine Gedanken schweifen lassend – darüber nachDenken trifft es auch.

---

[70] Herrigel, Zen in der Kunst des Bogenschießens – hier genannt trotz der problematischen Frage der Verortung von Herrigel selber, der im Dritten Reich eher keine Distanz zur politischen Linie der Zeit erkennen ließ, 1924-1929 lehrte er an der Universität Tohoku in Sendai.

Voraussetzung für die Achtsamkeit dem Leben und dem Selbst gegenüber ist etwas, was unser modernes Leben gerne verhindert. Die Schaffung innerer Ruhe.

Das Problem: Für den Ungeübten verlangte das in fast allen Fällen die Schaffung äußerer Ruhe. Die Abwesenheit von störenden Dingen. Geräuschen, Ansprachen („könnten Sie einmal"), Abschalten der Kommunikationseinrichtungen (kaum zu glauben, aber man kommt eine Zeit auch gut ohne Handy, Smartphone, Tablet oder PC aus, man muss ja nicht ganz entsagen).

Ohne dass hier eine Anleitung zur Gestaltung des „Wie" zum Lernen von Achtsamkeit[71] im Allgemeinen erfolgen soll, will ich doch ein paar Dinge skizzieren, um die Praktikabilität aufzuzeigen.

Achtsamkeit kommt vom Bewusstmachen einer Situation, eine Technik zum Erkennen eines Gegenstandes oder einer Situation in seiner materiellen und ideellen Verknüpfung. Es verlangt

---

[71] Je nach Kontext ist die Achtsamkeit anders zu fassen und zu definieren, auch das obliegt dem Einzelnen. Wenn er eine Anleitung sucht, kann er die sicher in den Lehren des Buddhismus suchen, aber grundsätzlich muss man beachten, dass der Mensch, wenn er sich in sich selber sucht, auch seine eigene Begrifflichkeit definieren sollte, jedenfalls kann.

eine Konzentration und ein Offenhalten des Geistes.

Sich dem erwachenden Tag nähern, indem man – allein und konzentriert – in der Natur diesem Erwachen folgt, nichts erwartet und doch versucht, auf alles zu hören, erst dann zu sehen. Die Sinne zu trennen. Tasten, riechen und zusammenfinden. Den Tau der Blume betrachtend, ihrer Form folgend, das Aufblühen imaginierend und seine eigene Körperlichkeit verspürend. Letzteres gelingt übrigens in recht einfacher Weise, wenn man seinen eigenen Atem kontrolliert[72]. Den Körper betrachtet, wenn er sich des Sauerstoffes bemächtigt, nicht nur das Heben des Brustkorbs oder die Umleitung des Atemstroms in den Unterbauch, sondern die Spannung der Haut, die Lage der Finger. Ungestört von anderen äußeren Einflüssen gelingt dies natürlich am besten und es gibt genügend Schulen, Kurse und Seminare und Schriften, die dies näher bringen.

---

[72] Darin liegt einer der Gründe, warum fast alle Meditationstechniken einen so großen Wert auf die Erlernung des richtigen Atmens legen.

Natürlich scheitert man oft. Und die Kunst, dem Nichts Raum zu geben, die „Leere zu denken", verlangt schon einige Übung.[73]

Aber um Achtsamkeit zu üben, kann man auch mit weniger anfangen und erfolgreich sein.

Achtsam bedeutet auch aufmerken. Da war etwas. Und das gelingt im ganz normalen Alltagsleben. Es verlangt – zumindest für den Augenblick –, kein Getriebener zu sein. Eine der einfachsten Übungen: Das Telefon klingeln lassen. Sich der Frage auszusetzen, ob man nun, gerade in diesem Augenblick gestört werden will. Keine Schrecksekunde einlegen und erleichtert, weil der andere immer noch in der Leitung ist, nach dem dritten Klingeln annehmen. Nein, bewusst überlegen, ob man es zulassen will. Jetzt. Und wenn es nur an der Lästigkeit liegt, weil es der 3. Anruf in der letzten halben Stunde ist: Auch das gilt als Grund, „Nein" zu sagen. Schon das ist achtsam. Sich selber gegenüber. Vielleicht führt es dazu, sein Umfeld zu erziehen, die für den Einzelnen gewünschte Kommunikationsrhythmik herzustellen und auch diesen Respekt anderen entgegenzubringen.[74] Ein Teil von Achtsamkeit

---

[73] Das ist eines der größeren Ziele einer Meditationsübung.
[74] Z.B. Telefonate nur am Vormittag zu erledigen und ansonsten auf den schriftlichen Weg zu verweisen, das gilt

ist auch die respektvolle Aufmerksamkeit gegenüber Gesprächspartnern. Eine Unart moderner Zeiten: die Smartphone-Abfrage eigener Mails, während man das Gespräch mit seinem Gegenüber führt. Nichts verpassen wollen. Beginnen sollte man auch das kleinste Gespräch mit dem Gedanken: Ich spreche jetzt mit meinem Gesprächspartner, damit sollten sich alle Kommunikationssignale auf diesen ausrichten. Diesen Respekt wird er spüren, insbesondere, wenn dies bisher nicht üblich war. Wenn man Glück hat (nein, das reicht noch nicht zum Glücklichsein), führt dies auch zu einem konzentrierteren Gespräch, weil sich das Gegenüber als respektierter empfindet, er – das Gegenüber – sich selber wahrnimmt und selber Achtsamkeit entwickelt. Bevor der falsche Eindruck entsteht, sollte man darauf hinweisen, dass es genügend Menschen gibt, die mit solcherlei nichts anfangen können oder wollen. Das sollte nicht entmutigen, denn primär geht es um die eigene Achtsamkeit und

---

natürlich auch für die Beantwortung von E-Mails. Es gibt keinen Zwang der unmittelbaren Reaktion. Der Mensch entscheidet. Deshalb braucht man auch keine gesetzliche oder firmeninterne Regelung für den mailfreien Feierabend. Der Mensch darf entscheiden, auch wenn er es beantworten will. Es ist seine autarke Bewertung, was ihm die Ruhe wert ist. Wenn (!) er es erkannt hat (bereits das ist eine Form von Achtsamkeit) und reflektierend darüber entscheidet.

die Erkenntnis, was man will. Und die Erfahrung, dass bestimmte andere Menschen an dem Respekt nicht interessiert sind, könnte durchaus zu dem Schluss führen, diese anders zu behandeln oder gar zu ignorieren. Nicht sehr christlich, aber diesen Wertekanon muss man nicht zwingend umsetzen. Nur dann, wenn man selber das so für sich entschieden hat.

Das letzte Beispiel zeigt bereits, dass der Mensch als Mitglied in der Gesellschaft mit dieser im Ganzen, aber vor allem mit einzelnen Mitgliedern interagiert. Bekanntschaften, Freundschaften und Zuneigung und Liebe entwickelt. Das prägt auch seine Vorstellungen von Werten und im Interagieren dokumentiert er seine Werte nach außen, eine Konfliktmöglichkeit zwischen Individuum und Gesellschaft.

Der Einzelne in der Gesellschaft
DER MENSCH IST AUCH EIN REFLEX DER GESELLSCHAFT UND DIESE EINE KONSEQUENZ SEINER EIGENEN WERTE.

Der Mensch korrespondiert in seinem Verhalten mit der Gesellschaft, daran ändert auch ein eigener, an die Gesellschaft eventuell angepasster Wertekanon nichts. Es gibt immer genügend Reibungspunkte zwischen den nicht statischen Ausformungen der Werte des Einzelnen und der Gesellschaft.

Mag er Emotionen leben oder Emotionen kontrollieren, epikureisch[75] oder stoisch verfasst sein. Die Gesellschaft wird ihm vieles abverlangen, ihn an einer Selbstverwirklichung ohne Schranken hindern. Schwimmt man nicht gegen den Strom der Wertemeinungen – was sicher einfacher ist, wenn dem Einzelnen die Anpassung nicht schwerfällt –, sondern etabliert seine eigenen Werte, gesichert durch die Erforschung seiner eigenen Wünsche, Vorstellungen und Möglichkeiten, bleibt es nicht aus, dass man mit einzelnen Gruppen oder mit der ganzen Gesellschaft auch in Widerspruch geraten kann. Mit

---

[75] Den Epikureern ist mehr das (maßvolle) Leben und Genießen eigen, den Stoikern die Suche nach der eigenen Bestimmung und dem eigenen Können und dessen Verwirklichung, damit einhergehend, die Suche nach der Eudaimonia.

dieser Herausforderung zu leben, ist die Schwierigkeit. Eine Orientierung an den klassischen Tugenden wird das Finden einer Basis, einer Gemeinsamkeit mit der Gesellschaft erleichtern. Die Verfolgung eigener Ansätze, die keine Grundwerte darstellen, z.B. die Optimierung der eigenen Vermögenssituation, die Betrachtung von Menschen nur als Schachfiguren im Rahmen der eigenen Karriereplanung oder die Wahrheit als eine lästige Verweigerin des Erfolgs zu betrachten, scheitert in vielen Fällen zumindest langfristig. Sich mit ganz eigenen Zielen und Werten in der Gruppe zu halten, verlangt eine Nischengesellschaft und zumeist eine Gruppe Gleichgesinnter. Rabauken am Finanzmarkt kommen mit Rabauken durchaus klar, aber auch die nur für eine bestimmte Zeit. Wenn das Einschätzen des Verhaltens des anderen nicht mehr möglich ist oder die Realität die Fiktion einholt, zerbricht die Übereinstimmung. Wer fremdes Geld „verbrennt", wird irgendwann von den (wenn auch mitschuldigen) anderen an den Pranger gestellt.

Man muss sich in der Gesellschaft einrichten. Dazu gehören auch Netzwerke und Verbindungen. Politische, geschäftliche Koalitionen zur Erreichung von eher alltäglichen Dingen – auch langfristigen Optionen –, die aber keine Essenz, keinen Wert an sich, darstellen. Diese Aspekte, Werte, Befindlichkeiten und Wünsche sind utilitaristisch, zweck- und zeitgebunden.

Es gibt aber auch die Freundschaft und intensive Partnerbeziehungen, in denen Respekt, Liebe und Vertrauen praktiziert werden. Vielleicht ist das idealistisch, mit dem Potential der Enttäuschung und des Vertrauensmissbrauchs, und doch wird es eine Bereicherung im Erleben, insbesondere, wenn man achtsam ist. Hier liegt dann auch eine Quelle des Glücklichseins und man lebt in diesen Beziehungen die Grundwerte, Essenzen.

In diesem Spannungsfeld Einzelner-Gruppe-Gesellschaft muss es zu einer Angleichung der Wertvorstellungen kommen. Gelingt diese und harmonisiert die Gesellschaft in ihrem faktischen Diskurs die Widersprüche und Konflikte, verstärkt sich die Wertedarstellung des Einzelnen und schärft sich das Profil der Gesellschaft mit eben diesen Profilen der Einzelnen. Die Gesellschaft wird auch für andere Gesellschaften klarer, wahrnehmbarer und besser einzuordnen[76].

---

[76] Die Unruhe in vielen Gesellschaften hinsichtlich dieser heute nicht mehr wirklich gesicherten und erkennbaren Einschätzungsmöglichkeiten mag ein nicht unwesentlicher Grund sein, dass die Konfliktlösungen und der Umgang miteinander weltpolitisch schwierig geworden sind.

Andererseits leidet der Freiheitsgrad des Einzelnen, er wird durch äußere Zwänge polarisiert und eventuell auch majorisiert. Beschränkt. Konformitätsdruck einer Gruppe verlangt vom Einzelnen ein hohes Maß an Selbstbewusstsein, um aus einem vorgegebenen Wertekanon auszubrechen. In ein niederbayrisches Dorf zu ziehen, ist auch heute noch für einen preußischen Agnostiker, in wilder Ehe und mit drei adoptierten Kindern aus verschiedenen Kontinenten, ein Unterfangen.[77] Ähnlich geht es einem überzeugten Vertreter des Mittelstandes, der in eine, vielleicht noch internationale, Konzernstruktur eingebunden wird oder werden soll. Positionieren und Taktieren, Schreiben von Aktennotizen zur Absicherung, Dokumentationen und kein Vorwärtskommen in der Sache. Ein Zustand, der üblicherweise seinen eigenen Vorstellungen von Entscheidungsfreiheit, Verantwortlichkeit und Führung widerspricht. Nicht widersprechen muss; auch Mittelständler sind manchmal anders.

Und wenn die Gesellschaft den Konflikt mit den eigenen Werten nicht löst, aber auch nicht toleriert, und ein Einrichten in einer Nische nicht zu helfen vermag? Dann wird man nicht weit ent-

---

[77] Natürlich gilt das auch umgekehrt für einen Bayern in Preußen.

fernt sein von einer – vielleicht auch gewaltsamen – Auseinandersetzung. Das Gefühl, mit seinen eigenen Vorstellungen nicht ernst genommen zu werden und sein Leben nicht leben zu können, ist frustrierend und demotivierend. Und es verlangt nach Handeln. Ausweichen, auswandern oder sich zusammentun, um die Situation zu ändern.

Aber diese Extreme sind nicht alles. Unter dem Schafsfell des vermeintlich angepassten Werteträgers findet sich häufig genug der Wolf, der in der Herde schlachtet.

Die Krisen, die wir in den vergangenen Jahren konstatieren, sind möglicherweise ein Beispiel für diese Entgleisung der Wertekanons von Einzelnen in einer Gruppe und der Gruppen oder der Gesellschaft im Ganzen.

Für die angelsächsische Finanzbranche standen die Chancen auf Realisierung des wirklich großen Geldes spätestens seit der Abschaffung der Trennung von Geschäfts- und Investmentbanken unter Präsident Clinton[78] auf Grün. Die Ge-

---

[78] Clinton ließ die Aufhebung des seit 1932 bestehenden Trennsystems (nach dem Glass-Steagall Act) 1999 durchbringen. Stimmen, die meinen, die Beibehaltung hätte die Finanzkrise nicht verhindert, mögen vielleicht recht haben, aber Greenspan als ehemaligen JPMorgan-Vorstand zur Fed

schäftsbanken beschafften billig und einfach das Geld und die Investmentbanker konnten es konzentriert und manipuliert[79] anlegen. Dass Reichtum an sich in angelsächsischen Ländern als ein Wert, wenn nicht gar als Tugend oder Essenz, betrachtet wurde und wird, konnte den Erfolg dieses Modells nur verbessern. Und in der Sache war es auch nicht verdammenswert (wenn man von den „innovativen" Finanzproduktpapieren absieht).

Die Auswüchse waren das wesentliche Übel.

Extrem konnte man das bereits in den 70ern an den Junk Bonds der Gruppe um Michael Milken[80] verfolgen. Trotz seines Verstoßes gegen beste-

---

zu bringen und dort die innovativen Finanzprodukte marktfähig zu machen, war auch ein entscheidender Baustein und leistete der Legalisierung des Betruges an gierige Kleinanlegern Vorschub. Hier widerstreiten Tugenden wie Maßhalten, Klugheit und Gerechtigkeit.

[79] Das sollte nach der Vielzahl der aufgedeckten Methoden und Ereignisse nicht strittig sein.

[80] Er gehörte wohl zu den ersten CEOs, deren Jahreseinkommen bei 500 Mio. € lag. 1989 wurde er wegen Finanzbetruges zu einer 10-jährigen Haftstrafe verurteilt, von der er 22 Monate absaß. Trotz Strafzahlungen von 600 Mio. $ und nachträglichen 49 Mio. $, weil er entgegen den Auflagen sich nicht von (Fremd-)Wertpapiergeschäften fernhielt, verfügt er heute über ein geschätztes Vermögen von 2 Mrd. $. Mit seinem Bruder und dem Chef von Oracle, Larry Ellison, führt er den Konzern Knowledge Universe. Kein geeignetes Beispiel für Tugendhaftigkeit im klassischen Sinne.

hende Gesetze führte er – wohl – ein situiertes, gesellschaftlich anerkanntes Leben. Und das, obwohl seine Biographie eine Vielzahl von Vertrauensverstößen, zwischenmenschlichen Lügen und skrupellosen Täuschungen von Anlegern, die er in falsche Anlagenentscheidungen trieb, aufweist.[81]

Und die Gigantomanie der Zahlen ging auch danach weiter.

Mega-Deals im Investment führten schlussendlich auch auf der Ebene der Unternehmen zu einer enormen Beeinträchtigung der wirtschaftlichen Situation im Unternehmen und für die Belegschaft. Nicht nur in Amerika und England, das galt für ganz Europa. Und in vielen Fällen schien der wieder aufkeimende Frühkapitalismus wilde Blüten zu treiben. Wer konnte, bediente sich im Unternehmen, und (bestehende, die Sachlage kennende) Aufsichtsgremien schauten weg. Nicht, dass es ihnen nicht möglich gewesen wäre, etwas dagegen zu tun, aber sie wollten nicht, profitierten vielleicht selber davon.

Und das alles ein Auswuchs des Wegfalls der Werte?

---

[81] Eindrucksvoll geschildert im Club der Diebe, James B. Stewart, 1993.

So könnte man meinen. Zumal es eine interessante Koinzidenz gibt.

Schon seit Jahren haussieren nicht nur die Aktien und Vorstandsgehälter – denen es teilweise auch zu gönnen[82] ist –, sondern es gibt etwas Ähnliches auch auf der Ebene der Nutznießer der Panem-et-circenses-Gesellschaft. „Wer wird Millionär"[83], Jackpots mit zweistelligen Millionenbeträgen sind normal und Fußballspieler gehen in Form modernen Sklavenhandels für 100 Mio. € „über den Tisch". Und vielleicht verkauft Frankreich zur Deckung seiner Schulden bald die Mona Lisa für 1,5 Mrd. €[84]. Wer glaubt wirklich, dass ein Bild, so ausdrucksstark es auch sein mag, dieses Geld wert ist? Über 40.000 Facharbeiter hätten davon 1 Jahr lang ihr Auskommen. Die Wertschöpfung dieser Arbeits-

---

[82] Welche Gehälter die angemessenen sind, ist wahrlich schwer zu beurteilen, reine Multiplikatoren geben darüber keinen ehrlichen Aufschluss, allerhöchstens ein Indiz.

[83] Der erste Preis in der Sendung „Am laufenden Band" war z.B. in den 70er Jahren ein Wochenende in einem Luxushotel für zwei Personen in Baden-Baden; den Gewinner hat es gefreut, der Wert – achtsam – war hoch, obwohl er auch im Verhältnis zum damaligen Monatslohn eines Facharbeiters nicht sehr üppig war.

[84] Diese Überlegung findet sich im September 2014 in den verschiedensten Publikationen. Inwieweit das bei Staatsschulden von 2.000 Mrd. und einem Haushaltsdefizit von 120 Mrd. hilft, sei dahingestellt.

leistungen läge bei richtigem Einsatz wenigstens beim doppelten Betrag.

Man erinnere sich an den Brennspiegel, wer kann, nimmt sich, was er bekommt. Ohne Begrenzung. Dass die meisten eher nicht so können, nehmen sie nicht wahr, wollen oder können es nicht. Geben sich mit dem zufrieden, was sie haben. Was auch nicht unbedingt wenig ist. Vielleicht bleibt deshalb die Mehrheit eine schweigende.

An dieser Stelle sei aber auch darauf hingewiesen, dass die Wertvorgabe des Einzelnen auf einen Gelderfolg gerichtet nichts Sträfliches sein muss, auch wenn es um noch so viele Millionen geht. Im Gegenteil, hier mag man Schumpeters schöpferische Zerstörung noch einmal bemühen: Das Vorwärtspreschen eines Einzelnen kann wirtschaftlich Sinn machen, das Scheitern neue Wege eröffnen und Schwächen für die Zukunft offenlegen. Tragisch ist das dann für die Gesellschaft, wenn es zu einer Massierung solchen Verhaltens führt und die Gegenkräfte schweigen, nichts tun oder diese auch noch – wie manche Aufsichtsräte das taten – unterstützen.

Darin verwirklicht sich einmal mehr die Ausrichtung der persönlichen Wertvorstellung auch und gerade im Reflex mit der Gesellschaft.

Der Mensch als Teil der Gesellschaft
WER IST DER MENSCH IN DER GESELLSCHAFT, DAS „MAN"
UND DER EINZELNE?

Es ist leicht, von der Gesellschaft und dem Einzelnen zu sprechen. Will man eine Vorstellung davon haben, wie der Einzelne auf die Gesellschaft einwirken kann, dann muss man sich aber auch mit einer weiteren Erscheinungsform des Menschen in einer Gesellschaft beschäftigen.

Einzelne Menschen können sich zu Gruppen zusammenschließen, die temporäre oder dauerhafte – vor allem soziale – Verbindungen eingehen. Und Gruppen von Menschen können einen Aggregatzustand annehmen, der den Menschen einen großen Teil ihrer Selbstbestimmtheit nimmt. Sie werden zur Menge oder Masse.

Mengen von Menschen folgen häufig von außen vorgegebenen Wertestrukturen, neigen intensiver zur Konformitätsbefolgung und organisieren einen Gleichklang in der Betrachtung von Lebensfragen (im normalen Alltag oder, vermehrt, bei krisenhaften Situationen). Von solchen Mengenaggregaten spricht man in der Regel, wenn man von „man" spricht.

Solche Mengen haben aber noch einen anderen relevanten Aspekt in ihrer Meinungsbildung und ihrem Werteverhalten: Sie lassen sich durch gruppenspezifische Meinungsbildung majorisieren[85]. Das gilt, in der Regel jedenfalls, solange die Gruppenwerte und -regeln nicht massiv mit den eigenen Wertvorstellungen kollidieren.

Bis dahin – um es in ein Bild zu fassen – schwimmt „man" im Strom mit, ohne seinen Kopf zu heben. Die, die den Kopf aus dem Strom erheben, strategische Optionen annehmen und erkennen wollen, sind dann in der Lage, den ganzen Strom zu führen, solange sie eine ausreichend große Gruppe bilden und die Gruppenziele und -werte nicht massiv mit den Ansprüchen der einzelnen Mitglieder der „man"-Gruppierung zusammentreffen.

---

[85] Daran hat sich seit alters her nichts geändert; ob Le Bon, PSYCHOLOGIE DER MASSEN, 1911 – den man durchaus kritisch lesen muss, Sigmund Freud, MASSENPSYCHOLOGIE UND ICH-ANALYSE, 1921, Wilhelm Reich, REDE AN DEN KLEINEN MANN, 2003 oder Elias Canetti, MASSE UND MACHT, 1960, die Begründungen differieren – ob Ansteckungs- oder Annäherungstheorie oder nur die normative Kraft des Faktischen. Mit der Masse als suggestierbarem Element muss man umgehen. Und man muss erkennen: Jeder ist Masse, es kommt nur darauf an, ob er gerade drinsteht oder sie betrachtet.

Die Krise und die Verzerrung der Werte
KANN DIE KORREKTUR IM PERSÖNLICHEN WERTEKANON EINE KORREKTUR IN DER GESELLSCHAFT ERREICHEN?

Wenige Einzelne können die Gesellschaft nachhaltig beeinflussen (und schädigen). Interessant ist natürlich die Frage, ob eine Änderung in den Wertvorstellungen der Mitglieder einer Gesellschaft auch eine Änderung in der Gesellschaft nach sich ziehen wird.

Ein einfaches Beispiel kann das verdeutlichen: Als der Mannesmann-Konzern in der Übernahmeschlacht mit Vodafone[86] die Waffen streckte und der Aufsichtsrat Klaus Esser eine Abfindung von 60.000.000 DM zugestand, damit dieser seinen Posten aufgab, war der Aufsichtsrat mit seinem Ausschuss für Gehaltsfragen das zuständige Gremium. Es stand in seinem pflichtgemäßen Ermessen, die Zustimmung zu verweigern. Vertragliche oder gesetzliche Ansprüche gab es nicht, es kam nur auf die Wertorientierung der Aufsichtsratsmitglieder an. Hätten Sie nicht zugestimmt, hätte es auch keine Auszahlung gegeben.

Bei dieser Betrachtung geht es nicht um die durchaus heikle Frage, ob es sich bei der Zu-

---
[86] Vodafone erwirbt die Aktien für 190 Mrd. €.

stimmung oder der Entgegennahme einer solchen Abfindung um eine strafrechtliche Untreue handelt[87], sondern um die Beurteilung anhand der Wertvorgaben des Einzelnen und/oder der Gesellschaft.

Das Beispiel taugt aber noch für Weiteres. Der Fall kam ins Rollen, weil eine Mitarbeiterin im Vorstandssekretariat, für die Gehaltsauszahlungen an die Vorstände zuständig, sich weigerte, diese Auszahlungen vorzunehmen. Sie hatte Bedenken. Mit ihren Vorstellungen richtigen Verhaltens war dies nicht zu vereinbaren.[88] Zwei Rechtsanwälte brachten den Fall zur Anzeige, ob aus dem Gefühl, die Gerechtigkeit (eine Tugend) zu befördern, oder um selber in die Schlagzeilen zu kommen (das wäre dann in der christlichen Terminologie eine Todsünde, nämlich die Eitelkeit), was man heutzutage nicht immer ausschließen kann, wäre reine Spekulation. Aber eine interessante Frage für das hier vorliegende Thema. Ebenso mag man darüber spekulieren, ob die moderne Strafjustiz und ihre Vertretung

---

[87] Was der BGH schlussendlich nicht ausschließen wollte und die Sache nach der Revision zurückverwies. Mit Einstellungen nach § 153 StPO kamen die Angeklagten Esser, Funk, Ackermann trotzdem mit einem blauen Auge davon.
[88] Eine eindringliche Verfilmung dieses Themas fand sich vor Jahren im WDR: „Frau Böhm sagt Nein" mit Senta Berger, 2009.

aus der Staatsanwaltschaft Dinge aus Eitelkeit (also auch dort eine Todsünde) oder Überzeugung zur Gerechtigkeit (eine Tugend) betreiben[89].

Betrachtet man die möglichen Protagonisten und deren Entscheidungsfindungen und Entscheidungsmöglichkeiten, so kann man konstatieren: Änderungen im Wertekanon des Einzelnen können in einer Anzahl von Fällen sehr schnell auf den gelebten Wertekanon der Gesellschaft durchgreifen.

Ob das auch im Allgemeinen so gilt, wird man untersuchen müssen. Eine Bemerkung sei an dieser Stelle noch gestattet. Die Bereitschaft zur Änderung des eigenen Wertekanons, den der Einzelne nicht aus eigenem Antrieb hinterfragt, kann durch Maßnahmen und Verlautbarungen in der öffentlichen, gesellschaftlichen Wertverfasstheit nachhaltig befördert werden. Erfolgt

---

[89] Im Fall Wulff – dem ehemaligen Bundespräsidenten – kann man sich des Eindrucks nicht entziehen, dass die Anklageerhebung und die Durchführung des Verfahrens dem Gedanken der Eitelkeit mehr zugeneigt waren. Zu ermitteln, ob ein Fehlverhalten vorlag, war vielleicht noch angemessen, aber mehr? Dass Wulff sich selber immer weiter in die peinliche Situation hineinmanövriert hat, steht außer Frage. Aber eigene Eitelkeit oder Dummheit entschuldigt nicht die Eitelkeit anderer, wenn man Maßhalten und Klugheit als Tugenden betrachtet.

eine solche Änderung wie im Fall Mannesmann, so ist der Effekt offensiver und von höherer Durchsetzungskraft als in den Fällen, in denen das Stigma der Publizität[90] fehlt.

---

[90] Auf diese Publizitätswirkung setzt auch das Strafrecht mit seinen öffentlichen Verhandlungen und Urteilsbegründungen. Das Problem ist oft, dass auch falsch oder gar nichtreflektierte Publizität in der Menge als Bild verharrt, die Wirkung eines Prangers entsteht und dazu noch eines Prangers, der auf Fehlinterpretationen beruhen mag. Aber „wer glaubt schon, was in der Zeitung steht", wie Reinhard Mey so treffend besingt.

Gesellschaftskrisen und ihre Bewältigung
Wie geht man nun mit Krisen um?

Krisen haben die Eigenschaft, komplex zu sein, eine Vielzahl von Einzelproblemen aufzuweisen, die – wenn man sich erst mit ihnen beschäftigt – unendliche Tiefen aufweisen können. Es wäre verwegen zu glauben, man, oder gar jeder, könnte mit wenigen Strichen die Lösung eines komplexen Systems zeichnen. Aber das heißt nicht, dass man, und zumindest viele Einzelne, keinen Weg zur Lösung finden kann. Hat der Einzelne sein eigenes Wertesystem, das er auch im täglichen Leben aktiv anwendet und vertritt, ist das eine Leitlinie für die Lösung von Problemen in Bezug auf die eigenen Fragestellungen. Und auch gesellschaftliche Probleme sind Probleme des Menschen. Das klingt simpel und ist so simpel. Die Moderation der Krisenbewältigung ist natürlich nicht vom Einzelnen allein zu entscheiden, aber mitzuentscheiden. Vielleicht sogar zu majorisieren.

Für die Finanzkrise kann man die Frage stellen, inwieweit Habgier, Eitelkeiten und Statussymbole eine prägende Rolle gespielt und den extensiven Verlauf herbeigeführt haben. Eine Bejahung dieser Feststellung würde dazu führen, dass die Gesellschaft und damit der Einzelne durch die

Änderung des eigenen Verhaltens eine Zurücknahme dieser Neigungen oder eine Ächtung solcher Begehrlichkeiten herbeiführen kann. Und es natürlich auch sollte. Das Argument, kleine Schritte würden nicht wirken, gilt nicht. Im täglichen Leben begegnen jedem Einzelnen eben tagtägliche Situationen, in denen Forderungen gestellt und bedient werden, die die Tendenz zur Überzeichnung haben. Und diesen kann man entgegentreten. Das eröffnet den Diskurs mit der Gesellschaft. Und in extenso kann jeder dafür öffentlich eintreten, die Publizität suchen.

Gehaltsverhandlungen, denen auf der Arbeitgeberseite entgegengetreten werden kann, Finanzierungsgespräche von Banken – insbesondere deren Forderungen bei preisbildendem Faktor oder häufig vorkommenden Knebelungen im Bereich der Sicherung[91] – aber auch die Neigung, Drittkosten im Rahmen ihrer eigenen Vertragsgestaltung unkontrolliert und ohne Grenzen zu unterstützen. Das gilt z.B. bei Finanzvehikeln und Großkredittranchen. Einige Banken haben da die Angewohnheit, das Beratungsgeschäft zu befördern und Honoraransprüche von Rechts- und Steuerberatern faktisch zu erzwingen. Berater,

---

[91] Man kann so etwas durchaus unter der Untugend der Gier verzeichnen.

die Stunden- und Tagessätze[92] erzielen, die dem Wochenverdienst eines Arbeitnehmers entsprechen. Und das für mehrfach eingesetzte, kaum angepasste Standardverträge, nur weil sie im Rahmen einer ABS[93]-Transaktion anfallen und sich das Opfer (der Kreditnehmer) nicht wehren kann, will er den gewünschten Kredit nicht gefährden.

Das Interesse der Beratergesellschaften: Youngster-Finanzierung[94]. Für den Senior springt dann eben noch das Wochenendhaus heraus.

---

[92] Manche Großkanzleien berechnen selbst für „ungelernte" Berufsträger Stundensätze von 300-400 € und Partnerstundensätze von 800-1.000 €. Betriebswirtschaftlich ist die Gewinnrealisierung (aus Sicht der Kanzlei) atemberaubend gut, aber aus kalkulatorischen Gründen nicht zu legitimieren. Mit dem Bild eines fairen Kaufmanns hat das nur wenig zu tun und bei Rechtsanwälten – als Organ der Rechtspflege und dem öffentlichen Auftrag verpflichtet – noch viel weniger. Dass die Kammeraufsicht hier keine Handhabe und keine Notwendigkeit des Handelns sieht, zeigt das fehlende Werteverständnis.
[93] Asset-backed security; Kreditausleihungen gegen Sicherheit, die auf Grund der vertraglichen Bindungen geldverkehrsmäßig, also abtretbar sind. Vornehmlich aus dem angelsächsischen Raum kommend, aber auch bei uns eine Zeit lang sehr verbreitet.
[94] Junganwälte/innen, die als associates eingesetzt werden, aber in der Regel über spezielle Einzelfragen hinaus – wenn überhaupt – für praxisrelevante Fragestellungen keine Kenntnisse haben

Genauso wie die Konstruktion eines SPV[95] – eines Schuldenvehikels – auf Jersey, das vermeintliche und häufig nur geringe legale Steuervorteile mit einem erheblichen Haftungsrisiko verbindet und unnötige Jobs in den exterritorialen Gebieten schafft. Und wenn es darauf ankommt, hat keiner der Konstrukteure erkennen können, dass es zum Schaden beim Mandanten führt.

Betrachtet man den Klimawandel und die daraus resultierenden Fragen, so dürfte auch dort eine Anwendung der eigenen Wertvorstellung unter dem Ansatz der Achtsamkeit gegenüber der Sache und dem Respekt gegenüber anderen Meinungen zur Beförderung des gesellschaftlichen Diskurses eine Vielzahl von Lösungsansätzen eröffnen. Für den auf den Schutz der Umwelt ausgerichteten Menschen wird die Erkenntnis, dass nicht alle Wetterphänomene Auswuchs schädlicher, menschlicher Aktivitäten sind, nicht bestreitbar sein. Verschwindende Grönlandgletscher sind auch bei Vertretern der Klimastörung

---

[95] Special purpose vehicle; die dahinterstehende Steuervermeidungs- und Bilanzstrategie wird mittlerweile in Anbetracht von 32.000 Mrd. € – geschätzter – Barreserven, lt. FAZ 19.09.2014 S. 17, von vielen Staaten der Welt als Risiko begriffen, das nicht nur eine Geld-, sondern vor allem eine Machtverschiebung in der politischen und gesellschaftlichen Verantwortung bedeutet. Das Bruttosozialprodukt der BRD betrug 2014 rd. 2.829 Mrd. €, das in Europa insgesamt 13.600 Mrd. und das der Welt 57.565 Mrd.

als Faktum, aber eben nicht als Folge des Klimawandels, anerkannt. Selbstverständlich gibt es erhebliche Auswirkungen. Der Wasseranstieg für Venedig, die größere Unwetterneigung oder die Verschiebung biologischer Trennlinien von Flora und Fauna.

Das Klimageschehen liefert auch ein Bild für die Entwicklung von Lösungen. Ich nenne das Eisschollenspringen. Nicht im realen, sondern im mentalen Sinne. Jeder hängt mit seiner Lebensformulierung auf solch einer Eisscholle fest, die selten statisch an der Stelle liegt, teilweise mit anderen verbunden auf dem Meer treibt. Verändert sich diese eigene Basis und sieht man andere Eisschollen, die vorübertreiben, so liegen Lösungen auch darin, seine eigene Scholle zu verlassen. Ganz, oder auf Zeit, zu wechseln. Nie mehr zurückzukehren oder gleich zu anderen Schollen zu wechseln. Sich mit anderen zusammenzufinden. Gefordert werden dann die eigene Entscheidung, eine Abschätzung der Bewegung der Eisschollen (oder der Gesellschaft oder Gruppierung) und eine Verortung der eigenen Ziele. Und ein Handeln. Sonst wird man „gehandelt".

Um sich um diese kritischen und eben auch krisenhaften Fragen zu kümmern, Entscheidungen zu treffen, ist eine Diskussion jenseits politischer Grenzen nötig. Eine Diskussion ohne Bevormundung durch politische Vorgaben und jenseits eines Fraktions- und/oder Parteizwangs oder dogmatischer Vorgaben. Es geht nicht um die Wiederwahl oder Statussicherung, sondern die Lösung von Problemfragen. Auch um die Erkenntnis, dass die Krise nicht primär eine Krise ist, sondern ein Konglomerat von kritischen Folgen aus einigen oder vielen Entwicklungen.

Aufbruch und Leitlinien
WAS TUN?

Jeder kann mit seinen eigenen Einstellungen etwas bewirken. Jeder kann seine eigenen Wertvorstellungen bilden und ändern. Und jeder kann dies mit entsprechenden Folgen für sich und sein Umfeld. Dann sollte aber jeder als Teil einer Gruppe oder Teil einer Gesellschaft auch ernsthaft über Dinge nachdenken, die es in der Gruppe oder der Gesellschaft und nicht nur für einen selber zu gestalten gilt. Jeder sollte seine Grundsätze auf den Prüfstand stellen und hinterfragen und für die gefundenen Werte einstehen, diese kommunizieren und diese vermitteln. Das würde ihrer Verbreitung dienen und den Diskurs in der Gesellschaft befeuern[96].

Bei der Umsetzung darf nicht außer Acht gelassen werden, dass in Europa eine fortschreitende Verschmelzung von Kulturen und Kulturkreisen stattfindet und die durch Globalisierung eintretende Egalisierung von Vorstellungen ihr Übriges

---

[96] Ein Bürger, der das mit Leidenschaft in seinem Leben vertrat, war Frank Schirrmacher, der 2014 plötzlich und ziemlich unerwartet verstarb. Man musste und muss mit ihm nicht einer Meinung sein, aber er beförderte den gesellschaftlichen – und damit den individuellen Diskurs. Auch und gerade von Grundwertfragen.

zu einem heftigen Aufeinanderprallen der Kulturen beiträgt.

In diesem Zusammenprallen den Diskurs zu betreiben, kann nicht ohne Respekt und Toleranz bezüglich der Werte anderer, jenseits regionaler und nationaler An- und Einsichten, stattfinden. Gegenseitige Toleranz, die jeder einzufordern berechtigt und wohl auch im Rahmen seiner Möglichkeiten verpflichtet ist.

Das umso mehr, weil in Hinblick auf die Frage, welcher Nation und welchem Kulturkreis der Einzelne angehört, eines offen zu Tage tritt: Jeder ist in einer anderen Gruppe der Fremde.

Will man gerecht und klug sein, muss man auch die Perspektive des anderen betrachten, beDenken und am besten die andere Perspektive einmal selber ein- und annehmen. Dogmatismus religiöser, gesellschaftlicher oder politischer Art sollte dabei kein Ziel darstellen, vielmehr vermieden werden. Offenheit und Dogmatik schließen sich aus. Denken WIR mal darüber nach.

Und wo beginnen WIR?

Im eigenen Unternehmen, dem eigenen beruflichen Betätigungsfeld, im Familien- und Freundeskreis. Hier findet sich Raum für die Findung und Anwendung von Werten, Essenzen, Tugenden.

Geht man auf die Kardinaltugenden zurück, so sollte jeder klug und mit Umsicht, gerecht und mutig entscheiden. Jeder sollte sich seiner eigenen Werte bewusst werden und sie in seinem eigenen Umfeld – soweit notwendig – zur Diskussion stellen und die gefundenen Essenzen nicht permanent in Frage stellen. Denn in der selbstsicheren Anwendung entsteht auch die Entscheidungssicherheit. Eine Leitplanke für jeden Einzelnen, aber auch für die anderen, die sich daran orientieren oder reiben können. Im Diskurs mit anderen stellen die gefundenen Ergebnisse oftmals handhabbare Konzepte und Lösungen dar, die umzusetzen sich für den Einzelnen und für die Gesellschaft lohnen würde.

Weil diese Annäherung Zeit fordert, ist die Zeit auch ein wichtiger Aspekt. Man muss sie sich nehmen. Aber das bedeutet eben auch, eine Grundsatzdiskussion mit sich und anderen zu führen und innerhalb eines Zeitrahmens zum Abschluss zu bringen. Danach sollte der Einzelne beharrlich und mit Kontinuität an die Bewältigung der täglichen Fragen und der strategischen Ausrichtung des eigenen Lebens gehen.

Und im Sinn der Regel, dass weniger mehr ist, sollte man seine Werte auf wenige Leitsätze beschränken. Kardinaltugenden, religiöse oder philosophische Werte. Wer die Bescheidenheit – als Ableitung der Achtsamkeit –, das Engagement – als Mut, Tapferkeit und Klugheit – und die Ehrlichkeit – als Respekt dem Leben und der Person anderer gegenüber – erkennt, wird in deren Anwendung in seinem eigenen Leben eine weitreichende Bestätigung finden. Und diese tagtägliche Umsetzung wird ihm oder ihr mit hinreichender Sicherheit eine Vielzahl von Momenten der Bestätigung vermitteln, das Gefühl von Erfüllung transportieren. Und das sollte dem Menschen das Gefühl von Glücklichsein vermitteln.

Auch und gerade wenn man Bescheidenheit[97] als lebenswert erkennt, wird derjenige seine eigene Position nicht überhöhen und Zufriedenheit

---

[97] Der Meinung mancher Kleingeister, dass Bescheidenheit Dummheit vermitteln würde, will ich hier nachhaltig entgegentreten: Bescheidenheit vermittelt Ruhe und entspanntes Umgehen mit Situationen des Erfolges oder Nichterfolges. Natürlich heißt das nicht, dass man sich „die Butter vom Brot nehmen lässt", aber die Jahrhunderte alte kaufmännische Regel, dass ein Geschäft auf beiden Seiten ein Geschäft bleiben muss, hatte und hat seine Berechtigung. Man sieht sich häufig zweimal im Leben und in unserem komplizierten Wirtschaftsleben ist das Scheitern leichter als das Erfolgreichsein. Weh dem, der dann seine Feinde hat.

empfinden können, wo andere – vom Neid getrieben – dauernd nach dem Mehr streben. Das schließt nicht aus, engagiert für die andere Lösung einzutreten, insbesondere, wenn derjenige ehrlich seine Position beschreibt und begründet. Aber vom Neid sich fernzuhalten, kann nicht schaden. Neid reflektiert die eigene Unsicherheit über seine Fähigkeiten und seine Position in der Gesellschaft. Wer wegen der Erfolge der anderen hadert, reflektiert auf die falschen Ziele: Nicht die Verwirklichung seiner Ziele und Werte, sondern das Übertrumpfen des anderen steht im Vordergrund. Ressourcenverschwendung. Wenn Sie etwas wollen und das auch können, tun Sie es. Wenn Sie es nicht können, bescheiden Sie sich. Wenn Sie sich bescheiden, werden Sie die Stärke des Verzichts empfinden und das, was Ihre Stärke ist, umso erfüllter umsetzen. Das nenne ich Glücklichsein.

Prioritäten und nochmals: der Weg zur eigenen Entwicklung
WAS KANN MAN UNTERNEHMEN?

Die Lösung liegt beim Einzelnen und im Einzelnen. Ein erster Schritt im Bewusstmachen des eigenen Ichs. Der eigenen Ziele und damit zusammenhängend die Ermittlung der eigenen Essenzen und abgeleiteten Werte. Der Tugendkanon anderer oder die Wertvorstellungen religiöser Gemeinschaften, politischer und sozialer Gruppierungen kann eine Hilfestellung leisten. Aber niemand kann sich darauf verlassen. Die eigene Nabelschau muss auch eine Suche nach dem ehrlichen, eigenen Ich bedeuten.

Ziel ist es, einen Einklang mit den eigenen, inneren Zielen zu erreichen. In der Verwirklichung dieser gefundenen Ziele und Werte wird man einerseits eine innere Zufriedenheit erzielen und andererseits einen hohen Grad an Selbstbestätigung und damit eigener Sicherheit.

Dieser Einklang wird eine Vielzahl von Situationen erzeugen, in denen man wegen der Übereinstimmung des eigenen Verhaltens mit den eigenen Werten das Gefühl des Glücklichseins erzeugt. Bei entsprechender Achtsamkeit dem Leben gegenüber (und immerwährender Bereitschaft des Hinterfragens seiner selbstgefundenen Essenzen, Grundwerte, Tugenden) wird derjenige dieses Gefühl im Lebensalltag häufiger feststellen. Andererseits werden mit der entsprechenden Achtsamkeit auch die Werte-Diskrepanzen mit den Wertekanons anderer, einer oder vieler Gruppen und der Gesellschaft im Ganzen identifizierbar. In einem Diskurs werden die eigenen Werte denen der Gruppe und der Gesellschaft angenähert oder damit zur Übereinstimmung gebracht.

Und aus dem punktuellen Glücklichsein in der Werteverwirklichung wird derjenige eine innere Ruhe und Gelassenheit entwickeln, die zum dauernden Glücklichsein prädestiniert, aber auch Entscheidungen verbessert, weil man zu sich selbst gefunden hat. Und daraus seine Stärke schöpft.

Wenn das nicht gelingt, mag man versuchen, eine Nische oder ein soziokulturelles Umfeld zu finden, in dem es widerspruchsfreier ist, die eigenen Werte zu leben. Auch das führt gegebenenfalls zum Glücklichsein, wenn auch nicht zur Lösung gesamtwirtschaftlicher und gesamtgesellschaftlicher Probleme.

Wem die Mühe zu viel wird, dem bleibt die Möglichkeit, sich in einer Konformitätsentscheidung auf den – vielleicht nur temporären – Trend der

Werte einzulassen und diese nach außen zu leben. Gelingt es ihm nicht, seine inneren Werte daran anzupassen, wird er in einem persönlichen Widerspruch leben. Ein Widerspruch, der sich aber nicht unbedingt zum Diskurs der Meinungen über die Werte der Gesellschaft einbringt.

Und wer den Trend ändern will: Dann stehen jedem aktiven, agilen Mitglied der Gesellschaft die Möglichkeiten politischer, sozialer oder kultureller Meinungsbildung zu Verfügung. Gerade weil die Menge in ihrer Meinungsbildung trendorientiert bleibt, ist die Beeinflussung nicht die der Millionen aus der Menge, sondern überschaubarer Zahlen von Gruppierten. Manchmal ist es nur der Aufsichtsrat, der umgestimmt werden muss.

Ruhe, Gelassenheit und innere Selbstüberzeugung auf dem Hintergrund gefestigter eigener Werte – auch und gerade – gegen den Widerstand anderer Werte, sind die Bausteine des eigenen Glücks und des Glücklichseins.

Zu guter Letzt
UND WIE LÖST MAN NUN MIT DIESER ERKENNTNIS KRISEN?

Ich hatte bereits ausgeführt, dass in der gesellschaftlichen Realität Europas (auch der Welt) durch die Überwindung kultureller Barrieren ein Zusammenprall von Werten stattgefunden hat. Werte, die auf den ersten Blick manchmal nicht zu vereinbaren scheinen. Der Diskurs zwischen diesen Wertekanons scheitert aber nicht an den Inhalten, sondern nicht gerade selten am Dogmatismus des Einzelnen oder der Gruppe, häufig an einer Übersteigerung bis zum Fanatismus, am Opportunismus und reinem Machtstreben.

Wir haben eine Inflation der Werte und keine konsistente Antwort der Gesellschaft(en). Das liegt daran, dass wir selber keine eigene, konsistente Antwort geben.

Um im Bild des Stromes zu bleiben: Die Situation entspricht einer Vielzahl von Felsbrocken in einer Stromschnelle. Und das Ergebnis ist eine noch größere, „sprudelnde" Vielfältigkeit.

Demokratischen Freiheitsgedanken folgend ist das zu begrüßen, zur Lösung von Problemen aber weniger geeignet. Entscheidungsfindung verlangt, zumindest ab einem bestimmten Punkt der Informationssammlung und Diskussion, eine klare, eindeutige Ansage[98]. Entscheidungen. Bei widerstreitenden Wertvorstellungen gibt es in der Regel nicht eine einzige Entscheidung, sondern eine Bandbreite für Entscheidungen und der kann man häufig genug nicht im ganzen Umfang genügen. Aber jeder kann, wenn er will, und immer (!) eine Lösung finden. Vielleicht nicht die beste, aber das ist so wie mit der Wahrheit: Würden wir die einzige, beste erkennen?

Maßnahmen wegen der Finanzkrise sind dabei noch am unproblematischsten. Es besteht sicher Einigkeit, dass die Fehlentwicklungen vor allem aus der Übersteuerung durch ungezügelten Eigennutz entstehen. Das internationale Finanzwesen nun aber in Gänze zu eliminieren, wäre nicht nur keine, sondern eine schlechte Lösung. Der Stammtisch mag das fordern, aber bei kurzem Nachdenken sollten jedem die falschen Folgen solcher Ideen auch für den eigenen Lebenskreis auffallen. Ein Wegfall der globalen Finanzregelung würde z.B. einen Wegfall der Finanzierungsmöglichkeiten großer und größter Projekte nach sich ziehen. Solche Projektfinan-

---

[98] Es gibt einen Grund, warum die Römer in Zeiten der Krise ihren Consul zum Diktator machten und ihm – für eine begrenzte Zeit – eine umfassende Befugnis einräumten.

zierung benötigt die Welt. Man mag zu Themen wie der Digitalisierung und Vernetzung stehen, wie man will, aber sie bieten nicht nur NSA-Überwachung und die „Vergläserung" eigener Profile in Facebook und anderen Protagonisten. Sie bieten auch verbesserte Behandlungsmethoden im Gesundheitswesen, Verbesserung von Waren- und Dienstleistungsverkehr, die Verringerung der Arbeitszeit und ein umfassendes Informationspotential für die eigene Lebensgestaltung. Darauf will niemand mehr verzichten. Und um das zu finanzieren, braucht „man" mehr als nur die Hausbank.[99]

Aber im Detail, vor allem den nationalen Details, stecken die Probleme.

Hier muss eine Gruppierung den Tenor der Werte vorgeben oder – mit der Zeit – wieder ein gemeinsamer Wertekanon erschlossen werden. Wenn die Vielzahl der Werte eine Dissonanz verursacht, dann verhindert sie damit eine schnelle, vielleicht sogar überhaupt eine Entscheidung.

Wie hoffentlich erkennbar war, gibt es „die" richtige Entscheidung nicht. Es gibt „richtigere"

---

[99] Auch wenn die Volksbanken ja „den Weg frei machen".

Entscheidungen, die den Diskurs der Werte überstehen.

Man muss aber auch berücksichtigen, dass es nicht „die Werte" für viele Nationen gibt. Über 400 Mio. Europäer haben divergierende Interessen und divergierende kulturelle und gesellschaftliche Hintergründe. Das verlangt verschiedene (abgeleitete) Werte. Deshalb sind die Essenzen oder Grundtugenden – oder klassisch Kardinaltugenden – von besonderer Bedeutung. Hier muss jede abendländische – okzidentale – und orientale Überzeugung mit modernen Lebensaspekten in Einklang gebracht werden und aus dem Gefundenen ein Gleichklang und ein Ruhepunkt erzeugt werden, ohne die Varianten zu vernachlässigen.

Umso mehr Werte kursieren, umso schwieriger wird der Diskurs. Gerade deshalb muss jeder sich an seinen Entscheidungen für Werte und die Folgen dieser Wertebetrachtung festhalten lassen und sich von der Beliebigkeit der Werte abwenden. Seine wenigen Essenzen finden. Die, die auch die eigenen Entscheidungen langfristig begleiten und mitentscheiden können.

Es geht nicht an, dass, wenn der Einzelne eine Einigung gefunden hat, kurze Zeit später ein anderer moniert. Mittel und Wege findet, den

Diskurs wieder zu eröffnen. Dass er dies prinzipiell kann, liegt an der Vielzahl von Werten und Wertansätzen, Auslegungsspielräumen und divergierenden soziokulturellen Ausgangslagen. Und eben in den vernachlässigten Essenzen und Kardinaltugenden. Z.B. der Klugheit (wenige denken an die neue Ressourcenverschwendung durch die Eröffnung einer neuen Diskussion), keine Bescheidenheit und Mäßigung (die läge in Anerkenntnis der Richtigkeit einer anderen Meinung, auch bei eigenen Wertungswidersprüchen, die oftmals nur aus eigenen Befindlichkeiten resultieren), keine Toleranz (indem man mehrheitliche Entscheidungen in einem demokratisch verfassten Rechtsstaat ignoriert).

Ein gefestigter Wertekanon, insbesondere ein Kanon der Tugenden oder Essenzen, sollte – auf allen Seiten – immer auch ein wichtiges Moment enthalten: einen abgeschlossenen Diskurs zu akzeptieren und zu leben. Auch und obwohl er in Teilen der eigenen Meinung widerspricht. Wer die Wiedervereinigung nicht wollte, aber nicht gegen die demokratischen Entscheidungen vorgegangen ist, muss auch verbal die Kosten der Wiedervereinigung und den Soli akzeptieren. Sich aber in die Ausgestaltung einbringen, wenn er unzufrieden ist. Und wer Stuttgart 21 nicht wollte, sollte zur Kenntnis nehmen, dass demokratische Entscheidungen zu tolerieren sind[100]. Sonst müsste man an der Ehrlichkeit der anderen Seite zweifeln und unterstellen, dass der gesellschaftliche Prozess nur für den Fall des Gewinnens betrieben wurde. Opportunismus ist aber das Problem jeder Werteordnung. Für den Einzelnen und für die Gesellschaft.

Nicht der Wegfall der Werte, sondern die Vielzahl der immer beliebiger gewordenen Werte und die Schwierigkeiten aus der kulturellen Überlagerung, die jeweiligen Wertekanons auf wenige Grundwerte und Tugenden zurückzuführen, zu reduzieren, sind das Problem unserer Zeit.

Es gibt keine Krise, die alle Lebensräume betrifft. Krisensituationen werden – auch – von Menschen gemacht. In den meisten Fällen sind es aber auch Menschen, die die Krisensituationen lösen müssen. Und ihre Entscheidung treffen Menschen nach ihren Wertvorgaben. Das Ziel muss es sein, eine Übereinstimmung in den Grundwerten, den Tugenden oder Essenzen für möglichst viele Entscheidungsträger oder die Menge der Menschen zu erreichen. Das gewähr-

---

[100] Und die Politik muss eine klare Stellungnahme gegen solch aufkeimende Bewegungen setzen und nicht nur die Stimme des Ministerpräsidenten, die zaghaft dagegenhält.

leistet eine vertrauensvolle, gleichgerichtete Ausrichtung von Lösungen. Und damit möglichst schnelle Lösungen. Insoweit beeinflusst der Mensch mit seinen Wertvorgaben die Lösungsdiskussion.

Nochmals: An gefundenen Grundwerten muss man sich und muss sich die Gesellschaft auch für einen ausreichenden Zeitraum festhalten lassen. Es sollte keine Beliebigkeit im Wechsel geben.

Daran kann man, jeder und jeder sofort, arbeiten. Insoweit sind die richtigen Werte, aus deren Verwirklichung meiner Meinung nach auch eine Möglichkeit zum Glücklichsein entspringt, Teil der Lösung von Krisen oder kritischen Situationen. Menschen, die gelernt haben, glücklich zu sein, werden auch die Lösungen für die Krise finden, weil sie gelernt haben, Ziele und Werte für sich und gemeinsam mit anderen zu finden.

Packen wir's an.

Noch eine Danksagung:

An meine Frau, die sich dem Disput über die „richtige" Meinung nicht entzog und mir wertvolle Hinweise zu den hier niedergelegten Gedanken gegeben hat. Mit der ich diese Gedanken aber auch schon seit vielen Jahren tatsächlich leben darf.

An meine Lehrer, die mich in diese Gedanken eingeführt haben, sie konterkarierten und befördert haben.

An meine Freunde und LebensbegleiterInnen, schon gegangene und solche, deren Freundschaft ich immer noch versuche, angemessen zu pflegen, und die mir bei der Findung meiner Gedanken – nicht immer ohne Protest – zur Seite standen.

An das Leben, weil es so viele faszinierende Facetten bereithält.

Biographisches

Was bisher geschah:

Jahrgang 1955. Im schwärzesten Teil des Ruhrgebiets, in Duisburg als Kind einer Arbeiterfamilie geboren. Die Kindheit geprägt von Maloche und Pütt, aber auch von der beginnenden Umstrukturierung des Bergbaus. Als Heranwachsender in die prosperierende Beschaulichkeit von Hohenlohe verpflanzt. Abitur. Wehrdienst. Studium der Rechts- und Staatswissenschaften, (Teil-)Studium der Sinologie & Geschichte in Heidelberg. Finanzierung des Studiums durch Arbeitstätigkeit in verschiedenen Unternehmen und damit Gewinnung erster beruflicher Erfahrungen in diversen Branchen. Examensabschlüsse 1981/84 und Zulassung zur Rechtsanwaltschaft. Seit 1985 Aufbau einer mittelständischen Kanzlei in Mannheim mit knapp 50 Mitarbeitern mit dem Schwerpunkt Insolvenzverwaltungen, Krisenmanagement und Krisenberatung. 2000 Verlust der langjährigen Lebens- und Geschäftspartnerin nach einjähriger Krankheit. Neubeginn. Neues privates Glück und interessante berufliche Aufgaben. Weiteres Studium der Steuerwissenschaften in Münster bis 2007. Erfolgreicher Abschluss – trotz des „hohen" Alters. Und trotzdem 2007 Übergabe an die Nachfolger und Konzentration auf Beratung von einzelnen Firmen und Beirats-/Aufsichtsratstätigkeiten, weil man Übergänge schaffen muss, wenn sich die Gelegenheiten bieten.

In Zukunft: Man wird sehen, welche Dinge und Fragestellungen die Neugierde wecken. Jeden Tag und mit immer variierenden Perspektiven, ohne die Essenzen zu vergessen.